LUCA STEFANO CRISTINI - MATTEO RADAELLI

BARTOLOMEO COLLEONI

E le compagnie di ventura nel XV secolo

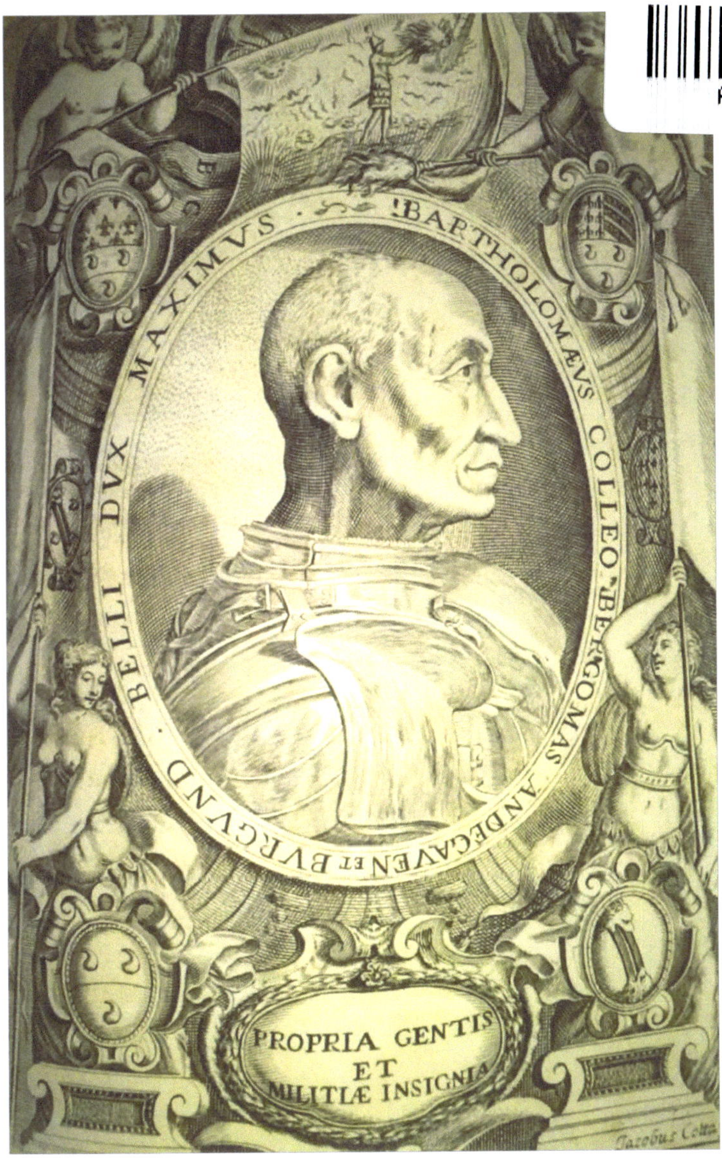

WAR IN COLOUR 005

SOLDIERSHOP PUBLISHING

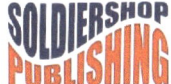

AUTORI - AUTHORS:

Matteo Radaelli vive in provincia di Bergamo e ha conseguito la laurea specialistica in Scienze storiche presso l'Universit‡ degli studi di Milano. Particolarmente interessato alle tematiche tardomedievali e rinascimentali, ha al suo attivo ormai diverse pubblicazioni in collaborazione con la Soldiershop; oltre al presente volume sul Colleoni, vanno ricordati i due tomi sulla storia militare di Genova, con le illustrazioni di Quinto Cenni, ed il volume sulla storia dei Longobardi in Italia.

Luca Stefano Cristini, bergamasco, appassionato da sempre di storia militare. Dirige da diversi anni riviste nazionali specializzate di carattere storico uniformologico. Ha collaborato con l'editore Albertelli, Focus Mondadori e De Agostini. Ha pubblicato un importante lavoro, su due tomi, dedicato alla guerra dei 30 anni (1618-1648). Ha firmato molti titoli delle collane Soldiershop, sia in qualità di autore che di illustratore.

Mario Nadir Durand, anch'egli bergamasco, ragioniere bancario ora in pensione. Coltiva fin dall'infanzia una grande passione per la storia e il costume militare e l'uniformologia in generale. Non trascura nessun periodo storico, realizzando in diversi anni qualche migliaio di tavole a mano libera di armati e soldati. In questo volume è autore delle tavole a colori.

NOTE EDITORIALI - PUBLISHING'S NOTE

Tutti i contenuti dei nostri libri, in qualsiasi forma prodotti (cartacei, elettronici o altro) sono copyright Soldiershop.com. I diritti di traduzione, riproduzione, memorizzazione con qualsiasi mezzo, (digitale, fotografico, fotocopie ecc.) sono riservati per tutti i Paesi. Nessuna delle immagini presenti nei nostri libri può essere riprodotta senza il permesso scritto di Soldiershop.com. L'Editore rimane a disposizione degli eventuali aventi diritto per tutte le fonti iconografiche dubbie o per quelle immagini di cui non sia stato possibile reperire la fonte. I marchi Soldiershop Publishing ©, Bookmoon e i nomi delle nostre collane - Soldiers&Weapons, Battlefield, War in Colour e Historical Biographies sono di proprietà di Soldiershop.com; di conseguenza qualsiasi uso esterno non è consentito.

None of images or text of our book may be reproduced in any format without the expressed written permission of Soldiershop.com. The publisher remains to disposition of the possible having right for all the doubtful sources images or not identifies. Our trademark: Soldiershop Publishing ©, The names of our series: Soldiers&Weapons, Battlefield, War in colour, Historical Biographies, Bookmoon etc. are herein © by Soldiershop.com.

Ringraziamenti

La gran parte delle immagini presenti nel libro sono foto degli autori, immagini di opere non più in copyright e immagini originali. Si ringrazia laDott.essa Claudia Cividini, proprietaria con la famiglia del castello di Malpaga per la squisita cortesia nell'averci concesso a molte delle riprese fotografiche, nonché all'istituto della Pietà di Bergamo per lo stesso motivo.

A tutti i miei amici, in particolare a Miky e Lucia; per esserci stati quando ho avuto bisogno di loro.
Matteo

ISBN: 978-88-9327-1837 2nd edition: Dicembre 2016

Titolo: BARTOLOMEO COLLEONI e le compagnie di ventura del XV secolo - by Luca Cristini e Matteo Radaelli. Tavole a colori di Nadir Durand e Luca S.Cristini Editor: SOLDIERSHOP PUBLISHING (ITALY). Cover & Art Design: Luca S. Cristini.

Copertina: Bartolomeo Colleoni e armigero con insegna colleonesca. Sullo sfondo il castello di Malpaga.

PREFAZIONE

er molti secoli si è ritenuto che la data di nascita di Bartolomeo Colleoni fosse da collocare nel 1400, come del resto lui stesso andava ripetendo quando era ancora in vita. Questo dato ricevette una clamorosa smentita alcuni decenni orsono, quando si scoprì che con ogni probabilità il genetliaco dell'illustre bergamasco era da retrodatare al 1395. L'aver ristabilito la verità storica fu senza dubbio fonte di grande soddisfazione, ma forse anche di qualche rammarico: come non rimanere delusi dinanzi alla caduta della possibilità che il grande condottiero, personaggio emblematico di un periodo straordinario quale fu il quindicesimo secolo, fosse nato proprio al principio del quattrocento, nel corso di un anno che fu perfino benedetto dal Giubileo? Il Colleoni fu certamente un personaggio degno di rappresentare il suo tempo. Nel suo animo si ritrovarono virtù e mancanze tipiche dei suoi contemporanei: egli, secondo quanto oggi par certo, fu bramoso di ricchezze, avido di potere e di gloria, e fino alla più tarda età non cessò di indulgere ai vizi della carne.

In più occasioni fu accusato di aver tradito chi lo aveva assunto, tipica abitudine dei condottieri rinascimentali, e non sempre tali dicerie furono senza fondamento.

Ma il Colleoni fu anche un geniale stratega e un innovatore in campo militare, un tattico brillante, un padre amorevole, un uomo che si prodigò instancabilmente nella costruzione di infrastrutture e opere pubbliche; alla sua corte di Malpaga egli accolse artisti e uomini di cultura, e perfino il sovrano di Danimarca si degnò di riconoscere con una visita regale la magnificenza della dimora e la sontuosità dell'ospitalità del condottiero.

A differenza di molti altri che come lui avevano scelto la carriera militare, il Colleoni riuscì ad assurgere ai più alti onori, divenendo dopo molte vicissitudini capitano generale delle milizie veneziane; e tuttavia egli fallì nell'intento che desiderava forse più di ogni altra cosa, legare cioè il suo nome ad un'impresa tanto grandiosa da rendere indimenticabile la sua figura per tutti i secoli a venire.

Tutto questo e molto altro, come vedremo, fu Bartolomeo Colleoni; e con il nostro indegno lavoro noi speriamo di essere riusciti a far sì che il suo sogno, l'immortale celebrità del suo nome, sia più vicino a divenire realtà.

INDICE

L'infanzia e la giovinezza .... Pag. 5

Al servizio della Serenissima .... Pag. 9

Al servizio di MIlano .... Pag. 15

Ritorno a Venezia .... Pag. 21

Sotto le insegne sforzesche .... Pag. 25

Venezia sino alla morte .... Pag. 31

Le compagnie di ventura .... Pag. 71

Note alle tavole a colori .... Pag. 77

Bibliografia e Fonti .... Pag. 80

L'INFANZIA E LA GIOVINEZZA

uesta storia ebbe inizio nel maniero di una cittadina bergamasca, in un giorno a noi ignoto di un anno che per lungo tempo è rimasto velato di incertezza. Solo da poco tempo sappiamo che Bartolomeo Colleoni, figlio di Paolo Colleoni e di Riccadonna, della famiglia dei Valvassori di Medolago, venne probabilmente alla luce durante il 1395, nel castello di Solza. Al condottiero piacque in vita far credere di essere nato nel 1400, anno del Giubileo, in modo che la gente ritenesse la sua data di nascita un chiaro presagio del fulgido destino che avrebbe compiuto. L'infanzia del futuro capitano non fu particolarmente tranquilla a causa di un importante fatto che avvenne nel 1402: nel settembre di quell'anno spirò a Melegnano, vinto dalla peste, il primo duca di Milano, Gian Galeazzo Visconti.

Nei mesi successivi lo stato che quest'ultimo aveva faticosamente creato in una vita di battaglie andò rapidamente frantumandosi. Molti degli uomini ai quali il defunto aveva affidato le sorti del suo ducato tradirono la sua fiducia e cercarono di spartirsene il territorio; in diverse zone, inoltre, scoppiarono tumulti e ribellioni, e numerose casate che erano state ridotte all'impotenza rialzarono la testa e cercarono di riconquistarsi qualche brandello dell'antico potere.

Ebbene, a creare problemi al nuovo duca di Milano, Giovanni Maria, contribuì anche il genitore di Bartolomeo. Profittando della caotica situazione egli infatti prese nel 1404 il castello di Trezzo, difendendolo successivamente dai tentativi del Visconti di recuperarne il possesso. Nel 1405 Paolo addivenne a un accordo con il duca, il quale infine si rassegnò a lasciare la rocca al suo ostinato avversario; il padre di Bartolomeo decise allora di condividerne la signoria con i cugini, chiedendo loro di raggiungerlo a Trezzo.

Tale versione dei fatti non è peraltro universalmente accettata, poiché vi è chi ritiene che i parenti del Colleoni abbiano partecipato sin dall'inizio alla presa della fortezza; certo è che tra quest'ultimo e i suoi familiari sorsero ben presto alcuni contrasti, che sfociarono nella tragica uccisione di Paolo. Il piccolo Bartolomeo, ritenuto certamente incapace di nuocere, fu risparmiato; la madre venne invece imprigionata per circa un anno, anche se alcuni ritengono che i cugini del defunto marito si siano limitati a negarle la libertà di uscire dal castello.

Questa versione, che propende per l'attribuzione a questi ultimi di un comportamento più mite, pare accreditata dal fatto che essi mandarono anche

◀ **Il castello di Solza** (BG). Luogo di nascita del condottiero bergamasco.
The castle of Solza (BG). Birthplace of Colleoni.

◀◀ **Ritratto di Bartolomeo Colleoni.** Dalla serie Gioviana
Portrait of B.Colleoni.

Bartolomeo a ricevere un'istruzione, probabilmente presso qualche ecclesiastico.
Quanto a ciò che accadde ad Antonio Colleoni, fratello maggiore di Bartolomeo, le opinioni sono discordi: la leggenda vuole che egli, fuggito da Trezzo dopo l'assassinio del padre, abbia trovato rifugio a Crema, facendosi ingaggiare dal signore della città, Giorgio Benzone.
Ritornato poi a Trezzo per far visita alla madre dopo la sua liberazione, i cugini, temendone la vendetta, pensarono di ucciderlo. Il Benzone allora, avendo anticipato parte del soldo ad Antonio per i servigi che costui avrebbe dovuto prestargli, rapì Bartolomeo e lo tenne presso di sé fino a quando la madre non fu in grado di restituirgli quanto dovuto.
Ma l'accettazione di questa storia non è affatto pacifica: vi è chi ritiene che tali eventi siano stati volutamente descritti in forma leggendaria dai posteri, mentre altri dubitano addirittura che Antonio sia mai esistito. Probabilmente poco prima dei vent'anni, Bartolomeo si recò a Piacenza, ove rimase fino al 1418 in qualità di paggio del signore locale, Filippo Arcelli. Poiché costui prestava anche servizio come condottiero per i Visconti, fu forse in questo periodo che maturò nel Colleoni il desiderio di dedicarsi alla guerra; e ciò che accadeva intorno a lui non sembrava peraltro spingerlo in altra direzione. L'Arcelli, infatti, nel 1414 aveva conquistato Piacenza per Filippo Maria Visconti, succeduto nel 1412 al fratello Giovanni Maria come duca di Milano, ma nel 1415 i rapporti tra i due si guastarono.
Filippo Maria bandì l'Arcelli, che per i successivi tre anni combatté con tenacia le truppe del duca nel piacentino. Nel 1418 tuttavia, dopo che il Carmagnola, al servizio dei Visconti, ebbe mandato a morte un suo fratello e un suo figlio, l'Arcelli decise infine di ritirarsi, passando al servizio di Venezia. Bartolomeo non seguì il suo vecchio mentore nel viaggio verso la Serenissima: nel 1419 lo troviamo infatti in servizio presso la compagnia di Braccio da Montone, che all'epoca era stato scomunicato dal Papa, Martino V, ed era costantemente impegnato in aspri scontri con un altro grande condottiero, Muzio Attendolo Sforza.
Nel 1421, dopo essere rientrato nelle grazie del Papa, Braccio entrò al servizio della regina di Napoli, Giovanna II; e a questo punto sarà bene riassumere brevemente le vicende dell'Italia meridionale nel corso del XIV secolo. Con la pace di Caltabellotta, stipulata nel 1302, la Sicilia era stata assegnata a Federico III d'Aragona, e separata così dai domini angioini in Italia. Per tutto il secolo l'isola fu governata da un ramo della dinastia aragonese, finché nel 1409, alla prematura morte di Martino I il Giovane, essa passò sotto il controllo di suo padre Martino il Vecchio, già re d'Aragona.
Sotto il suo regno la Sicilia divenne pertanto un vicereame.
Nel 1410 Martino perì e suo nipote Ferdinando divenne re di Aragona, e quindi di Sicilia, fino al 1416; in quell'anno la corona aragonese passò infine ad Alfonso V, figlio di Ferdinando.
Il Mezzogiorno italiano nel XIV secolo visse invece situazioni piuttosto difficoltose a causa dei conflitti tra i diversi rami della dinastia angioina e le interferenze del Papa nelle vicende del regno. Nel 1414 al re Ladislao d'Angiò succedette la sorella Giovanna, che rimase regina di Napoli fino al 1435. Poiché Giovanna non aveva figli che potessero succederle, Martino V, proclamato Papa nel 1417 dal Concilio di Costanza, nominò nel 1419 Luigi III d'Angiò erede del Regno di Napoli. La regina tuttavia aveva altre idee e decise di accordarsi con Alfonso, proclamandolo suo successore in cambio di aiuto militare nell'inevitabile conflitto che scoppiò con il Papa e Luigi d'Angiò. Nel 1421 il Colleoni fu protagonista di un episodio che dimostra senza dubbio il suo temperamento ardimentoso.
In quell'anno le milizie bracchesche stavano assediando Acerra, tenuta dagli uomini dello Sforza, che in quel momento era al soldo di Luigi d'Angiò. Per facilitare la presa della città Braccio aveva ordinato di scavare un cunicolo sotto le mura. Un giorno il capitano, avvicinatosi per controllare lo stato dei lavori, fu riconosciuto dai nemici, che lo attaccarono; ma il Colleoni, che lo accompagnava, si frappose tra lui e gli avversari, sostenendone

l'impeto e permettendo a Braccio di salvarsi.

In seguito a questo episodio il Colleoni decise tuttavia di andare in cerca di miglior fortuna, dirigendosi verso Napoli, ove si imbarcò per raggiungere la Francia. A Marsiglia venne catturato dai pirati e ricondotto a Napoli, ma riuscì a fuggire. Nel 1424 gli venne finalmente assegnata una condotta di 20 cavalli presso Jacopo Caldora, che in quel tempo era al soldo della regina Giovanna. Va precisato a questo punto che gli ultimi anni avevano visto un brusco cambio di alleanze nel panorama del meridione italiano.

Lo Sforza era infatti passato al servizio di Giovanna, la quale nel 1423 aveva sconfessato l'impegno preso con Alfonso d'Aragona e aveva nominato suo erede Luigi d'Angiò, riappacificandosi anche con Martino V. Braccio da Montone era invece rimasto fedele ad Alfonso, e nel 1423 aveva posto sotto assedio L'Aqulia, che parteggiava per la causa angioina. Nel gennaio del 1424 Muzio Attendolo fu inviato a scontrarsi con Braccio per porre fine all'assedio, ma il capitano annegò mentre guadava il fiume Pescara e fu sostituito dal Caldora, sotto il comando del quale prese appunto servizio il Colleoni.

Nel giugno del 1424 venne infine combattuta la nota battaglia dell'Aquila. Alle milizie braccesche si opponeva l'esercito congiunto napoletano e pontificio; e in entrambi gli schieramenti combatterono invero molti personaggi destinati a compiere significative imprese come uomini d'arme nell'immediato futuro della penisola italiana.

Dalla parte di Braccio stavano ad esempio Niccolò Piccinino e il Gattamelata, mentre per i suoi avversari militavano, oltre al Colleoni, Francesco Sforza, figlio di Muzio Attendolo e futuro duca di Milano, e suo cugino Micheletto Attendolo. Non stupisca il cambio di fronte che il Colleoni compì nel giro di pochi anni, passando dallo stare in servizio presso Braccio di Montone ad opporglisi in battaglia: i condottieri non erano certo noti per la loro fedeltà incrollabile ad una bandiera, e tutti erano presti a mutar parte se questo era nell'interesse loro e dei loro uomini. Alla piana dell'Aquila Braccio, oltre a perdere la

▼ Il castello visconteo di Romano di Lombardia, insieme a molti altri, divenne parte del feudo del Colleoni dopo il 1428. Qui il condottiero rinchiudeva i prigionieri.
The castle of Romano di Lombardia. Along with many others it was part of the fiefdom of Colleoni.

battaglia, venne mortalmente ferito; pochi giorni dopo lo scontro egli si spense, nello stesso anno del suo grande avversario, Muzio Attendolo. Il Colleoni ebbe invece un'ulteriore occasione per farsi apprezzare come combattente. Durante i successivi quattro anni egli militò brevemente sotto Micheletto Attendolo, ma nel 1428 partecipò all'assedio di Bologna ancora agli ordini del Caldora, al soldo di Martino V. Sembra inoltre che in questi anni il Colleoni sia stato l'amante della regina Giovanna, la quale, come descritto nell'apposito approfondimento, gli concesse la possibilità di aggiungere due teste di leone al suo stemma. Ormai piuttosto conosciuto, e avendo una certa fama di uomo valoroso e abile in combattimento, il Colleoni decise infine di far ritorno ai suoi luoghi natii. Fu preso prigioniero in Val di Serchio da Niccolò Piccinino, al soldo di Filippo Maria Visconti, mentre combatteva per Firenze contro Lucca; il nome "Bartolomeo di Bergamo" è infatti presente tra quelli di coloro che furono catturati in quell'occasione dalle milizie viscontee. A rendere ancora più difficoltoso il suo ritorno contribuirono anche i parenti del Colleoni: forse temendo la vendetta di colui che era ormai un capace guerriero, essi tentarono di screditarlo inviando al campo di Bartolomeo un loro seguace, affinché si spacciasse per lui. Il piano non funzionò, poiché alcuni testimoni riconobbero senza indugio il vero Colleoni; il mentitore venne pertanto cacciato dopo essere stato depredato dei suoi averi. In seguito a questo curioso episodio Bartolomeo passò all'esercito di Venezia, che gli concesse una condotta per 40 cavalli. La lunga guerra che la Serenissima stava combattendo contro lo stato di Milano sarebbe stata per il Colleoni foriera di occasioni, che il condottiero seppe abilmente cogliere, per accrescere considerevolmente la sua notorietà; gli anni della giovinezza andavano ormai terminando, e per il grande bergamasco si avvicinava il momento della definitiva consacrazione.

L'ORIGINE DEL COGNOME E LO STEMMA

Relativamente alla scrittura del cognome "Colleoni", sono molteplici le lezioni giunte sino a noi. Vi sono forme latineggianti quali *"Coleus"*, *"Coleo"* o *"Acoleus"*, quest'ultimo derivato da una supposta, e probabilmente infondata, discendenza dei Colleoni da una famiglia romana, la *gens Acoleorum*. Nei documenti, frequente è l'uso di *"De Colionibus"*, *"De Collionibus"* o anche di *"Colleonus"*. Meno utilizzata è la forma *"Coijoni"* e la più volgarizzata *"Culione"*; la versione più diffusa resta comunque quella anche a noi più familiare, ovvero *"Colleoni"*, o *"Collioni"*. Riguardo all'origine, invece, vi è chi propone di cercarne le prime tracce nella consuetudine, diffusasi nel corso dell'alto medioevo, di identificare i gruppi familiari privi di cognome secondo un soprannome; l'abitudine di utilizzare il cognome romano cadde infatti in disuso dopo il crollo dell'impero e le invasioni barbariche. Secondo questa ipotesi una famiglia i cui membri ebbero, probabilmente nel capo, caratteri fisici somiglianti alla testa di un leone, sarebbero stati appellati *"Co' leone"*; successive modifiche, avvenute durante gli anni, avrebbero infine portato alla forma che ci è oggi nota.

Tuttavia, più probabilmente, l'origine dell'appellativo deve essere stata ben più volgare, ed è verosimilmente da ricercare nel termine scurrile che si può facilmente immaginare. Il triplice simbolo virile presente nello stemma gentilizio dei Colleoni, interpretato anche come un triplice cuore nel corso degli anni, non pare lasciare dubbi in proposito. Nello specifico, il blasone colleonesco si presenta come un troncato di rosso e d'argento recante tre paia di testicoli, posti due sopra e uno sotto; esso fa quindi parte delle cosiddette armi parlanti, che alludono cioè nella loro iconografia al cognome della casata. È pur vero che nello stemma compaiono talvolta delle teste leonine; ma la possibilità di adottare tale impresa, come abbiamo visto in precedenza, fu probabilmente concessa a Bartolomeo Colleoni dalla regina di Napoli, Giovanna II d'Angiò. Il bergamasco non parve peraltro mai irritarsi per i volgarizzamenti del suo cognome, accettandoli con noncuranza o facendone anche uso; ne fa fede il suo noto grido di guerra, che risuonava terribile sui campi di battaglia: *"Cojo, cojo"*!

AL SERVIZIO DELLA SERENISSIMA

LA PRIMA E LA SECONDA FASE DELLE GUERRE DI LOMBARDIA

Prima di proseguire la narrazione qualche precisazione è d'obbligo. Capitano generale delle milizie veneziane era all'epoca il Carmagnola, che nel 1424 si era allontanato dal servizio di Filippo Maria Visconti a causa dell'ingratitudine dimostratagli da quest'ultimo, il quale era forse stato sobillato da qualche suo cortigiano. Nel 1425 il Carmagnola entrò in servizio presso la Repubblica veneziana, per la quale condusse una lunga guerra contro lo stato visconteo. Una prima fase dello scontro durò fino al 1426, mentre la seconda si concluse nel 1428, dopo la celebre battaglia di Maclodio (1427). In seguito alla conclusione del secondo conflitto venne stabilito, tra le varie clausole, che Bergamo passasse sotto il dominio di Venezia; ma la pace allora stipulata si rivelò assai debole, e le parti ripresero ben presto le ostilità. Sarà bene precisare che la narrazione seguente, non volendo esulare dal tema di questo libro e non potendo comunque dilungarsi troppo, tratta la vicende relative alle Guerre di Lombardia in modo molto sintetico e solo in relazione alla parte che ne ebbe il Colleoni, trascurando pertanto gli eventi relativi all'Italia centrale. Chi fosse interessato ad approfondire l'argomento potrà trovare qualche utile indicazione nella bibliografia.

▼ **Armati e artiglierie** della metà del '400 da un'antica miniatura francese.
Soldiers and artillery of 1450 about, from an ancient French engraving.

LA TERZA FASE DELLE GUERRE DI LOMBARDIA

Il Colleoni seppe mettersi subito in mostra compiendo un'efficace azione contro i nemici: nel 1430 prese prigioniero il noto condottiero Sarpellione, ricavando dall'operazione anche un cospicuo bottino. Bartolomeo diede tuttavia la miglior prova di sé l'anno successivo, quando con pochi compagni riuscì a scalare la rocca di Cremona e ad ucciderne le guardie. Se il Carmagnola fosse stato lesto a mandare rinforzi la città sarebbe allora inevitabilmente caduta; ma il capitano non volle mandare alcun aiuto, o forse lo fece troppo tardi. Dopo aver tenuto la rocca il più possibile, Colleoni e i suoi, incalzati dalla popolazione che li voleva scacciare, dovettero rassegnarsi alla ritirata. Questo episodio costò la vita al Carmagnola, che da Venezia era già sospettato di tradimento a causa della scarsa convinzione con cui conduceva la campagna. Il capitano generale fu sottoposto a processo e infine giustiziato nel 1432.

La Repubblica riconobbe invece il coraggio del Colleoni, incrementando la sua condotta di altri 80 cavalli e, dietro richiesta dello stesso Bartolomeo, concedendogli alcuni possedimenti nel territorio di Bottanuco. Nel novembre l'esercito veneziano fu duramente sconfitto nella battaglia di Delebio, che costò alla Serenissima un gran numero di morti e di prigionieri; basti pensare che da allora la zona si vide attribuito il titolo, poco lusinghiero, di "fossa dei veneziani". Il Colleoni riuscì comunque ad evitare la cattura, portando anche in salvo una parte delle truppe. Nel 1433 la Repubblica affidò il comando dell'esercito a Gian Francesco Gonzaga, che condusse alcune campagne in Valtellina e Valcamonica, durante le quali, come al solito, Bartolomeo seppe dar prova del suo valore.

Nel medesimo anno venne stipulato a Ferrara l'ennesimo trattato di pace, con il quale, tra le varie clausole, Venezia si vedeva ribadito il possesso di Bergamo. Fu forse in questo periodo, inoltre, che il Colleoni prese in sposa Tisbe Martinengo, proveniente da una prestigiosa famiglia bresciana.

VERSO UN NUOVO CONFLITTO

La pace non è ovviamente un buon affare per gli uomini che con la guerra si guadagnano da vivere. Anche il Colleoni, dopo la stipula della pace di Ferrara, tornò probabilmente nell'Italia centrale in cerca di un ingaggio; e nel 1434 si trovò forse a combattere in Romagna agli ordini del Gattamelata e di Niccolò da Tolentino. Nuovi eventi andavano tuttavia apparecchiandosi per favorire una ripresa della guerra tra Milano e Venezia; converrà pertanto lasciare da

◄ **Affresco di Malpaga.** Servi che portano le pietanze alla mensa del condottiero, in occasione delle feste organizzate a Malpaga per la visita di re Cristiano I di Danimarca.

Fresco of Malpaga. Servants who bring the food on the table of the commander, for the festival in honour of the king of Denmark, Christian Ist.

▲ **Battaglia della Riccardina,** particolare dell'affresco del Romanino nel cortile del castello di Malpaga. La battaglia fu combattuta il 25 luglio 1467 nei pressi di Molinella, nel bolognese, e fu una delle principali battaglie del XV secolo in Italia.

The battle of Riccardina, fresco of Romanino in the courtyard of the castle of Malpaga. The battle was fought on July 25, 1467 near Bologna, and was one of the major battles of the fifteenth century in Italy.

parte per un momento le vicende del Colleoni per narrare quanto accadde in quegli anni nel sud della penisola.

Nel 1435 la regina Giovanna perì, lasciando come suo erede Renato d'Angiò, fratello di Luigi III. Alfonso d'Aragona, tuttavia, non volle rinunciare alle sue ambizioni di dominio sul mezzogiorno italiano; nello stesso anno attaccò Gaeta, che venne posta sotto assedio.

Gli assediati sollecitarono allora Filippo Maria Visconti ad accorrere in loro aiuto; e il duca, senza farsi pregare, inviò in loro soccorso una flotta da Genova, che in quel periodo sottostava al dominio visconteo, al comando di Biagio Assereto.

Le navi aragonesi vennero sconfitte nella successiva battaglia di Ponza, ove lo stesso Alfonso venne catturato; ma il re, condotto al cospetto del duca di Milano, riuscì a persuadere il suo avversario a compiere un brusco mutamento di strategia politica.

Filippo Maria decise infatti di liberare Alfonso, progettando forse con il re d'Aragona una futura suddivisione della penisola italiana in una zona centro – settentrionale e una meridionale, di influenza rispettivamente viscontea e aragonese.

I genovesi, comprensibilmente, non furono soddisfatti della decisione del duca; e per assicurarsi che Filippo Maria avesse ben capito il loro stato d'animo, decisero di ribellarglisi. Ma il disegno egemonico visconteo – aragonese non preoccupò solo la rinata repubblica di Genova: anche Venezia e Firenze, temendo le ambizioni di Filippo Maria, ripresero le armi contro di lui. E una situazione tanto tesa non poté che sfociare, ben presto, in una nuova guerra tra Milano e la Serenissima.

LA QUARTA FASE DELLE GUERRE DI LOMBARDIA: primo periodo (1437-1439)

Le prime operazioni del comandante dell'esercito veneziano, carica che era ancora ricoperta da Gian Francesco Gonzaga, furono dirette all'attraversamento dell'Adda (1437). Il tentativo purtroppo non andò a buon fine, e i soldati furono costretti a ripiegare. Non si pensi però ad una ritirata precipitosa: l'arretramento dovette probabilmente essere lento e metodico, per consentire alle milizie veneziane di compiere azioni di disturbo nei confronti dei milanesi e di ritentare il passaggio dell'Adda, qualora ce ne fosse stata la possibilità. L'inesorabile avanzata dell'esercito milanese costrinse tuttavia il Gonzaga a condurre i suoi uomini oltre l'Oglio, mentre il Piccinino, al comando delle milizie viscontee, si attardava per conquistare il castello di Calepio. Tornato sulla riva destra del Serio, il Piccinino tentò a questo punto di prendere anche Bergamo, che tuttavia, valorosamente difesa dal Colleoni e dai suoi uomini, gli resistette. Una parte importante nella difesa del territorio bergamasco fu svolta anche dal condottiero Diotisalvi Lupi, che inflisse una dura sconfitta alle truppe milanesi mentre si recavano in Val Brembana. L'esercito visconteo, in ogni caso, era ormai giunto in Val Seriana, cosa che spinse i veneziani a lamentarsi con il Gonzaga della scarsa risolutezza con cui il condottiero stava conducendo la guerra.

Memore forse del destino toccato al Carmagnola, il Gonzaga decise di fuggire, passando nel luglio dell'anno successivo al servizio di Filippo Maria. Al comando dell'esercito veneziano, verso la fine del 1437, venne allora elevato il Gattamelata.

Per alcuni mesi la guerra proseguì in Romagna, ma ben presto le operazioni belliche ripresero ad infuriare nell'Italia settentrionale: dopo essere riuscito a riprendere alcuni territori, il Gattamelata dovette arrendersi dinanzi alla nuova avanzata del Piccinino, che lo costrinse ad arretrare sino a Brescia.

Al Colleoni, nel frattempo, era stata affidata la difesa di Palazzolo, che si rivelò tuttavia impossibile da tenere per il soverchiante numero di nemici; il condottiero bergamasco riportò comunque un grande successo con la riconquista della Valcamonica.

Il Piccinino venne intanto sconfitto nella battaglia di Rovato, ma subito dopo egli riuscì a conquistare Orzinuovi e a cingere d'assedio Brescia, ove si era rifugiato il Gattamelata. Quest'ultimo riuscì tuttavia a fuggire dalla città compiendo una sorprendente ritirata attraverso le montagne del bresciano, seguendo grossomodo il corso del Chiese e infine, dopo aver piegato fra l'Adige e la riva orientale del Garda, sbucando nella pianura veronese. Vi è chi ritenne che il merito di aver ideato questa ardita operazione spettasse al Colleoni, mentre altri si discostano da questa opinione, sostenendo comunque che egli dovette certo avere un ruolo non secondario nel consigliare il suo comandante in proposito.

Se l'esercito veneziano era ormai al sicuro, la città di Brescia era sempre cinta d'assedio dal Piccinino, che non aveva alcuna intenzione di rinunciare alla sua conquista; era pertanto necessario riuscire ad approntare un sistema che permettesse di rifornire adeguatamente gli assediati per consentire loro di resistere il più possibile. Venne quindi messo a punto un piano decisamente ambizioso: esso prevedeva il varo una piccola flotta che avrebbe dovuto risalire l'Adige e, dopo aver percorso un breve tratto via terra, immettersi nel lago di Garda. Gli approvvigionamenti avrebbero poi dovuto seguire a ritroso la strada già compiuta dal Gattamelata, e giungere infine a Brescia attraverso i monti. Ora, in molti sostennero che fu il Colleoni ad avere concepito anche questo progetto; ma di nuovo va sottolineato come non sia possibile disporre di fonti che permettano di attribuirne al condottiero bergamasco la pianificazione. Inoltre Venezia disponeva di un responsabile per operazioni di questo genere, l'ingegnere cretese Niccolò Sorbolo. La flotta veneziana riuscì comunque ad entrare nel lago di Garda, ma venne poi sconfitta dalle navi avversarie al comando di Biagio Assereto, che dopo la vittoria di Ponza era passato al servizio di Filippo Maria. L'avanzata delle truppe milanesi, nel frattempo, procedeva inarrestabile, e nel 1439 il Piccinino raggiunse Padova, mentre i suoi uomini assediavano Brescia e Verona, la cui difesa era stata affidata al Colleoni. Nel febbraio di quello stesso anno, tuttavia, Venezia, Firenze e lo Stato della chiesa ingaggiarono Francesco Sforza: sulla scena delle guerra di Lombardia stava per tornare un nuovo, formidabile attore.

LA QUARTA FASE DELLE GUERRE DI LOMBARDIA: secondo periodo (1439-1441)

Nel 1430 il duca di Milano aveva promesso in sposa a Francesco Sforza la figlia, Bianca Maria, e il loro fidanzamento era anche stato ufficialmente celebrato nel 1432. Per quale motivo, dunque, lo Sforza decise di intraprendere questa guerra contro il Visconti? Senza voler addentrarsi nelle passate vicende che intercorsero tra il duca e lo Sforza, basterà precisare che quest'ultimo, nel corso degli ultimi anni, aveva fatto il possibile per evitare di molestare il futuro suocero; ma poiché Filippo Maria non si decideva ad acconsentire al matrimonio, il contratto che le città alleate offersero a Francesco dovette apparire agli occhi del condottiero una buona occasione per ottenere dal duca, *armata manu*, la celebrazione dello sposalizio. Nell'estate del 1439, dunque, lo Sforza raggiunse Padova e procedette a liberare il territorio vicentino; voltosi poi in direzione di Verona, dovette arrestarsi presso il castello di Soave, in cui il Piccinino aveva stabilito il suo accampamento.

A questo punto va segnalata un'impresa decisamente ammirevole del Colleoni, che una volta di più diede prova di audacia e risolutezza. Da Verona, che rimaneva sotto l'assedio delle forze viscontee, egli si recò nottetempo all'accampamento dello Sforza, e rivelò al comandante la strada per aggirare il castello tenuto dai nemici. Il bergamasco, inoltre, assicurò lo Sforza che sarebbe prontamente intervenuto nel caso il Piccinino avesse attaccato durante la marcia.

Gli eventi si svolsero esattamente come il Colleoni aveva pensato: il Piccinino, avvedutosi dei movimenti dell'esercito nemico, sferrò un attacco alle milizie dello Sforza, ma Bartolomeo fu lesto a giungere in aiuto del comandante e a costringere alla ritirata le truppe viscontee.

Dopo l'arrivo dei rinforzi venne infine liberata dall'assedio Verona e riconquistato il suo contado. Il meritatissimo premio che la Serenissima concesse al Colleoni per compensarlo della sua fondamentale azione, fu un notevole aumento della sua condotta, portata a ben 800 cavalli. La via verso Brescia era ormai aperta, ma un primo tentativo di raggiungere la città venne frustrato presso Bardolino, sul Garda, dove parte dell'esercito veneziano venne colpito dalla malattia, non lasciando allo Sforza altra scelta che ritirarsi. Successivamente il comandante optò per ripercorrere la strada montana già percorsa dal Gattamelata e dai suoi per fuggire da Brescia, ma durante la marcia i due eserciti nemici vennero allo scontro presso il castello di Tenno. La battaglia si risolse con una vittoria delle milizie veneziane, anche grazie al provvidenziale intervento di un gran numero di bresciani guidati da Diotisalvi Lupi. Il Piccinino, ritiratosi nel castello, riuscì a scampare alla cattura facendosi trasportare chiuso in un sacco da un fedele servitore, e riconquistò immediatamente quasi tutta Verona, costringendo lo Sforza a fare marcia indietro e a provvedere nuovamente alla liberazione della città. Ormai incalzato dall'inverno alle porte, lo Sforza dovette tuttavia arrestare la prosecuzione della campagna sino all'arrivo della stagione favorevole.

In questo periodo il Colleoni non rimase comunque inoperoso: assieme a Diotisalvi Lupi egli si recò in Val San Martino, tra Bergamo e Lecco, e la riconquistò al dominio di Venezia. Giunta la primavera, la guerra riprese anche nel bresciano: la flotta milanese venne sconfitta da quella veneziana sul Garda, e le milizie viscontee furono costrette a ritirarsi fino all'Oglio. Decise a tenere la posizione, le truppe ducali diedero battaglia agli uomini dello Sforza presso Soncino, rimanendone però duramente sconfitti.

A tutti questi eventi il Colleoni fu puntualmente presente. Le cose parevano ormai volgere al meglio per la Serenissima, che aveva recuperato sia il territorio di Brescia che quello di Bergamo; ma il Piccinino, mentre ancora le milizie veneziane erano ferme per l'inverno, ripassò l'Adda con un forte esercito e avanzò, inarrestabile, raggiungendo nuovamente il territorio bresciano. È probabile che sia toccato al Colleoni e ai suoi uomini tentare una disperata resistenza contro questo sorprendente attacco, poiché era proprio la compagnia del bergamasco ad essere alloggiata per l'inverno tra Brescia e Bergamo.

La condotta di Bartolomeo era peraltro in scadenza, e il Colleoni, per il rinnovo, domandava a Venezia un incremento degli uomini ai suoi comandi. Dopo alcuni negoziati, nell'aprile del 1441 Venezia rinnovava al Colleoni la condotta per altri otto mesi (più un anno e un secondo di rispetto), senza aumentare il numero dei suoi uomini (che rimanevano quindi fermi a 200 cavalli e 100 fanti) ma concedendogli in feudo Romano, Covo ed Antegnate.

Altri fatti contribuivano nel frattempo a ritardare la ripresa della guerra: mentre lo Sforza richiamava l'esercito, il Gattamelata, colpito l'anno precedente da un attacco di apoplessia e mai del tutto guarito, decise di ritirarsi dalla vita militare e di recarsi a Padova, ove morirà nel gennaio del 1443. In sostituzione del valoroso condottiero la Repubblica chiamò Micheletto Attendolo. Nel giugno del 1441 i due eserciti si scontrarono infine presso Cignano, dove il Colleoni impedì lo sfaldamento dell'ala destra sforzesca evitando la possibile sconfitta che ne sarebbe derivata. La battaglia si risolse con un nulla di fatto, poiché venne sospesa dai capitani al termine della giornata.

Nel luglio il Colleoni venne inviato a prendere Pontoglio, operazione che egli portò a termine con la solita efficienza; le truppe sforzesche poterono quindi passare l'Oglio e porre sotto assedio Martinengo. Lo Sforza tuttavia aveva forse sottovalutato l'abilità del Piccinino: quest'ultimo si riportò lestamente sulla riva destra del fiume e circondò le milizie veneziane. La situazione era in pieno stallo. Lo Sforza disponeva di circa trentamila uomini, ma era nondimeno preso tra due fuochi: se avesse attaccato le truppe del Piccinino sarebbe stato esposto ad un eventuale assalto da parte delle truppe ducali di stanza a Martinengo, e viceversa. Inoltre egli doveva pur nutrire i suoi uomini, e i viveri di cui disponeva si sarebbero ben presto esauriti. A cavare lo Sforza da questa situazione spinosa fu, inaspettatamente, Filippo Maria Visconti. Il duca di Milano, seccato dalle continue richieste dei suoi condottieri, in special modo del Piccinino, e infastidito dalle loro pretese sempre più ingorde, aveva deciso di tendere una mano ai nemici e proporre la stipula di un trattato di pace. Lo Sforza non si fece scappare l'occasione, e accettò prontamente la proposta del duca. Nell'ottobre egli convolò a nozze con Bianca Maria Visconti, che gli portò in dote Cremona; successivamente svolse un ruolo di mediazione tra Milano e Venezia, le quali stipularono infine una pace nel mese successivo, sempre a Cremona.

Il trattato riportava essenzialmente i confini a quelli stabiliti dalla pace di Ferrara, con l'Adda che doveva fungere da elemento di separazione tra lo stato visconteo e quello veneziano. Il Colleoni si vedeva invece riconfermati i feudi di Romano, Covo e Antegnate, e inoltre il possesso di due castelli nel cremonese.

Per il capitano, insomma, la ricompensa di lunghi anni di fatiche non fu certo esigua; ma il suo animo ambizioso, disdegnando di accontentarsi di ciò che aveva ottenuto, già puntava verso risultati ben più prestigiosi.

AL SERVIZIO DI MILANO

CAMBIO DI VESSILLO

el dicembre del 1441, come si ricorderà, scadevano i primi otto mesi del contratto che la Repubblica aveva da poco rinnovato al Colleoni. Era senza dubbio lecito, da parte di Bartolomeo, attendersi un aumento della condotta, in considerazione della fedeltà e dell'abilità costantemente mostrate durante il suo servizio; sennonché la Serenissima, oppressa da non esigui problemi finanziari a causa del considerevole costo della lunga guerra con Milano, deliberò di ridurre le sue spese militari, congedando anche alcuni condottieri.

È bene specificare che il Colleoni fu tra coloro che la Repubblica volle mantenere al proprio servizio, e che al capitano venne anche proposto un vantaggioso contratto, anche se probabilmente non corrispondente alle sue aspettative; e tuttavia la linea politica che Venezia pareva risoluta ad intraprendere mal si accordava con gli ambiziosi propositi di Bartolomeo, ansioso di assurgere a maggior fama e ricchezza. Nel settembre del 1442 il Colleoni, tramite un suo uomo, informava la Repubblica che si riteneva esonerato dall'obbligo di servizio nei suoi confronti. Venezia non la prese bene; ma ancor peggio della defezione dovette essere l'apprendere che Bartolomeo stava prendendo accordi proprio con Filippo Maria Visconti.

Il senato, va detto, fece il possibile per cercare di convincere il Colleoni a rimanere, inviando anche una lettera di protesta allo stesso duca di Milano. Tutto inutile: tra il 1442 e il 1443 il condottiero bergamasco entrava al servizio del Visconti, il quale gli concesse una condotta di 1.000 cavalli e 400 fanti, e il castello di Adorno in feudo. Ma per quale motivo, stipulata la pace di Cremona, Filippo Maria necessitava dei suoi servigi? Un rapida disamina della situazione creatasi in Italia centrale e meridionale servirà a meglio comprendere le successive vicende.

▼ **Il castello di Urgnano.** La rocca che poi sarà degli Albani al tempo era appannaggio del feudo di Bartolomeo Colleoni.
The castle of Urgnano. The fortress was at the time a fief of Bartolomeo Colleoni.

SCONTRI E DISORDINI NEL RESTO D'ITALIA

La guerra in Italia meridionale tra Alfonso d'Aragona e Renato d'Angiò non stava procedendo in modo favorevole al sovrano francese, che tuttavia, dopo la pace di Cremona, poteva ben sperare nell'aiuto dello Sforza: quest'ultimo in effetti, non più impegnato nelle Guerre di Lombardia, decise di intervenire nelle vicende del Regno di Napoli al fianco di Renato, probabilmente per cercare di riconquistare le proprie terre situate nel sud Italia, che Alfonso aveva occupato durante gli scontri con l'Angiò.

Ma Filippo Maria, che in cuor suo ancora covava del risentimento nei confronti del genero, si apprestava ad intralciarne i progetti tramite un accordo con l'aragonese e con il Papa, Eugenio IV, succeduto nel 1431 a Martino V. Il Visconti stabilì pertanto di inviare ad Eugenio IV il Piccinino, in modo da agevolare la riconquista papale delle terre della Marca Anconetana, che dal marzo del 1434 erano sotto il controllo dello Sforza; quest'ultimo, impegnato nelle difesa dei suoi possedimenti marchigiani, non fu in grado di contrastare l'inesorabile avanzata di Alfonso, che nel giugno del 1442 riuscì ad entrare a Napoli.

Ora, nel 1443 la situazione dello Sforza si faceva sempre più precaria: tra l'agosto e il settembre egli, incalzato dall'esercito nemico, ben più numeroso del suo, fu costretto ad arroccarsi in Fano e a fronteggiare la defezione di alcuni suoi condottieri.

Chi può dire, a questo punto, quale tortuoso pensiero seguì l'indubbiamente astuta mente di Filippo Maria? Il duca infatti, forse preoccupato dagli eccessivi successi che andavano riportando gli aragonesi e i pontifici, persuase Alfonso a richiamare i suoi uomini, inviando anche il Colleoni in Romagna per controllare l'evolversi della situazione tra lo Sforza e il Piccinino. Bartolomeo, peraltro, non era rimasto inattivo sino a quel momento: già nel marzo il duca si era avvalso delle sue doti per domare una ribellione degli abitanti della Val di Nure, anche se questa volta il bergamasco non riuscì a riportare un pieno successo.

A questo punto la fortuna riprese ben presto a volgere in favore dello Sforza: Filippo Maria diede infatti ordine al Colleoni di tornare, lasciando il genero e il Piccinino a sbrigare da soli le loro questioni.

Cogliendo rapidamente l'occasione propizia, lo

◀ Cortile interno del castello di Malpaga con vista sull'affresco dedicato alla battaglia di Bergamo, che a su avoilta sovrasta il medaglione con le famose insegne composte dai tre attributi del Colleoni.

The inner courtyard of the castle of Malpaga with views on the fresco dedicated to the Battle of Bergamo.

Sforza, coadiuvato da contingenti fiorentini e veneziani, si scontrò in battaglia con il Piccinino nel novembre del 1443 presso Monteloro, riportando una clamorosa vittoria; né le amarezze, per il Piccinino, erano terminate.

L'anno successivo, volendo convincere il Visconti a cessare di favorire il genero, egli si recò a Milano per avere un abboccamento con il duca; e lo Sforza fu lesto a sfruttare l'assenza del rivale, il quale aveva lasciato il proprio esercito ai comandi del figlio Francesco.

Nell'agosto del 1444 l'esercito sforzesco e quello di Francesco Piccinino si scontrarono in battaglia presso Montolmo (odierna Corridonia), ove lo Sforza conquistò una seconda grande vittoria. Al Papa, a questo punto, rimasero ben poche alternative: rassegnatosi all'accordo, egli stabilì che avrebbe concesso allo Sforza il titolo di marchese per quelle località marchigiane che egli sarebbe stato in grado di recuperare di lì a dodici giorni.

Quanto a Niccolò Piccinino, qualcuno sostiene che il dolore che egli ricevette per la sconfitta subita dal figlio, l'idropisia di cui soffriva e il disprezzo che percepì nei suoi confronti presso la corte milanese, gli causarono un tale dispiacere da condurlo alla morte; sta di fatto che egli perì nell'ottobre del 1444, deluso e amareggiato. Il Visconti, certo memore dei grandi servigi che il condottiero gli aveva reso in vita, gli concesse esequie solenni e presenziò ai suoi funerali. Il mese precedente, peraltro, era passato a miglior vita anche Gian Francesco Gonzaga, lasciando il duca a corto di condottieri; e per sostituire coloro che aveva perduto il Visconti pensò di ingaggiare il Sarpellione, che era al servizio del genero. Lo Sforza non fu affatto felice del progettato accordo tra i due; e per avere la certezza che il suocero non gli portasse via il suo uomo, non trovò soluzione migliore che far giustiziare il Sarpellione, accusandolo di tradimento.

Questa volta fu Filippo Maria a sdegnarsi per il gesto decisamente eccessivo ed incomprensibile dello Sforza; e poiché ogni offesa esige la giusta riparazione, venti di guerra tornarono ben presto ad infuriare nella sempre inquieta penisola italiana.

GUERRA E PRIGIONIA

Nel giugno del 1445 il Colleoni venne inviato a Bologna per portare aiuto alla fazione cittadina dei Canetoli, ostile ai Bentivoglio; tra le due parti erano infatti scoppiati violenti tumulti il giorno 24, che tuttavia, all'arrivo delle milizie viscontee, erano già terminati in favore dei Bentivoglio. La spedizione non fu comunque infruttuosa: durante il ritorno il Colleoni sostenne alcuni scontri con i bolognesi e riuscì a conquistare diversi castelli. Nel frattempo scoppiò l'ennesima, annunciata guerra tra Filippo Maria e lo Sforza, prima in Romagna e poi in Lombardia; e nel 1446 al Colleoni fu ordinato dal duca di raggiungere Francesco Piccinino e di coadiuvarlo nell'assedio di Cremona.

Fu forse in questo periodo che il duca prese a dubitare della fedeltà del Colleoni, probabilmente in ciò sobillato anche dal Piccinino, che non aveva alcuna simpatia per il condottiero bergamasco; e proprio in seguito ad uno screzio che il Colleoni ebbe con il Piccinino dopo la presa di Castelleone Filippo Maria si decise ad agire.

Nel settembre il duca ordinò a Bartolomeo di dirigersi verso Piacenza, ma durante il viaggio lo fece arrestare a tradimento; egli, condotto dapprima a Piacenza e poi a Milano, venne infine imprigionato nelle carceri tristemente note come i Forni di Monza, dove avrebbe passato circa un anno della propria vita. È bene precisare, a questo punto, che il Visconti non ebbe tutti i torti ad agire in questo modo, e che la condotta del Colleoni durante i mesi precedenti al suo arresto non fu al di sopra di ogni ragionevole sospetto: voci di un possibile tradimento del bergamasco e di un suo riavvicinamento a Venezia arrivavano copiose alle orecchie inquiete di Filippo Maria, che non poteva certo permettersi di correre dei rischi.

Numerosi documenti inducono peraltro a ritenere che effettivamente il Colleoni avesse intenzione, già in agosto, di avviare trattative con la Repubblica, poiché il senato veneziano aveva incaricato tale Antonio Martinengo di fare da tramite tra il condottiero e la Serenissima. È chiaro che, almeno per ora, non è possibile stabilire con certezza cosa avesse in mente di fare il Colleoni; e tuttavia sembra lecito sostenere che non sarebbe affatto equo condannare il Visconti per aver fatto arrestare il suo condottiero, sul quale pendevano così gravi sospetti. Va anche detto che il duca si limitò a fare imprigionare il bergamasco, comportandosi ben diversamente da quanto fecero Venezia con il Carmagnola o lo Sforza con il Sarpellione. Dopo l'arresto Filippo Maria tentò di nascondere il fatto il più a lungo possibile, diffondendo la storia che il Colleoni fosse fuggito dopo essersi scontrato con un altro condottiero visconteo ed averlo ferito; ben presto, tuttavia, la verità venne alla luce e si scoprì la grave situazione in cui versava Bartolomeo.

L'arresto e la reclusione del bergamasco non furono comunque di buon auspicio per il Visconti: le sempre più gravi condizioni della sua salute avrebbero ben presto portato al declino la parabola della sua vita. A ciò non fu forse estranea l'evoluzione della guerra, che andava di male in peggio: nell'aprile del 1446, infatti, il duca ordinò al Piccinino di prendere Cremona.

La reazione di Venezia non si fece attendere: nel settembre dello stesso anno Micheletto Attendolo inflisse una pesante sconfitta al Piccinino; l'esercito della Serenissima penetrò quindi nel territorio visconteo, spingendosi fino alle porte della stessa Milano.

1447: L'ANNO DELLA SVOLTA

Per far fronte alla difficile situazione Filippo Maria cercò di stipulare un'alleanza con la Francia, cui avrebbe consegnato in cambio Asti, e nell'estate del 1447 cercò perfino di fare appello allo Sforza per averne aiuto. Tutto inutile: Filippo Maria Visconti si spense il 13 agosto dello stesso anno, oppresso da ormai gravissimi problemi di salute e certamente angustiato dalla criticità delle circostanze; e con il duca, privo di eredi diretti, si estingueva anche la dinastia viscontea. La sua morte portò grande fermento in tutto il ducato: la popolazione di Milano, esacerbata dai lunghi anni di guerra e di privazioni che aveva dovuto tollerare, colse l'occasione propizia per insorgere e proclamare la repubblica, che passerà alla storia con il nome di Ambrosiana. Quasi a sanzione del passaggio dal regime ducale a quello di popolo, il castello di Porta Giovia, dimora del Visconti e simbolo del suo potere, fu saccheggiato e distrutto. Della turbolenta congiuntura profittò anche il Colleoni per fuggire dalla sua prigionia: durante alcuni disordini verificatisi a Monza il condottiero riuscì infatti a calarsi dalla finestra della sua cella grazie ad una fune ricavata dalle sue lenzuola. Riguardo a questa fuga, peraltro, pare ragionevole supporre che il bergamasco abbia potuto contare sulla complicità del comandante della prigione, e forse perfino sull'aiuto di Francesco Sforza. Non è possibile affermare alcuna certezza a riguardo: certo è che la fuga non riuscì troppo difficile a Bartolomeo. È altresì lecito affermare che non si trattò di un'azione improvvisata, poiché oltre le mura stava ad attenderlo un complice con un cavallo, con il quale il Colleoni si allontanò velocemente dal luogo della sua prigionia. La neonata repubblica ambrosiana, nel frattempo, si trovava di fronte a gravi problemi: a parte la prosecuzione delle ostilità con Venezia, vari tumulti scoppiavano in molte città del vecchio ducato visconteo, decise a riconquistare l'antica libertà; Carlo d'Orleans, figlio di Valentina Visconti, sorella di Filippo Maria, avanzava pretese sul territorio che era stato dello zio; Alfonso d'Aragona, infine, pretendeva di far valere alcune disposizioni testamentarie che il duca avrebbe redatto a suo favore quando era in vita. Per far fronte a una

▲ La battaglia di Bergamo del 1437 nella quale il Colleoni libera la città dall'assedio di Filippo Maria Visconti
The Battle of Bergamo of 1437 in which the Colleoni broke the siege of Filippo Maria Visconti

situazione tanto critica la repubblica scelse di affidarsi proprio a colui che pochi anni dopo l'avrebbe soppressa: Francesco sforza, che certamente già coltivava in cuor suo il desiderio di impadronirsi dei territori appartenuti al suocero.
Per il momento, tuttavia, egli giudicò più opportuno dissimulare i suoi propositi, e accettare di difendere l'oggetto della sue brame dagli altri pretendenti. Proprio su consiglio dello Sforza la repubblica assoldò anche il Colleoni, che aveva intanto raggiunto i suoi soldati, accampati presso Landriano, e si era poi diretto alla volta di Pavia.
Al bergamasco venne affidato un compito di grande importanza: affrontare le truppe del duca d'Orleans, che sotto il comando di Rinaldo Dresnay stavano assediando il castello di Bosco Marengo (oggi in provincia di Alessandria). Le due parti vennero a battaglia nell'ottobre del 1447: e il Colleoni riportò una grande vittoria, decimando l'esercito nemico e prendendo prigioniero lo stesso Dresnay. Ben presto, tuttavia, apparvero all'orizzonte le prime avvisaglie di quello che diverrà uno scontro aperto tra la repubblica ambrosiana e lo Sforza: nello stesso mese di ottobre, infatti, quest'ultimo accettò l'offerta che gli fece Pavia, e s'insignorì della città.
La repubblica non fu certo contenta di vedersi sottrarre con tanta disinvoltura ciò che era suo; e ancor meno lo fu quando, poco tempo dopo, lo Sforza agì in modo analogo, sebbene meno apertamente, con la città di Tortona. Al Colleoni fu pertanto ordinato dalle istituzioni milanesi di occupare la città piemontese in nome della repubblica, cosa che egli compì in breve tempo e senza troppi patimenti. E tuttavia il bergamasco dovette evidentemente reputare troppo rischiosa la possibilità di trovarsi in mezzo ad un gioco tanto pericoloso qual era quello che andava profilandosi tra la repubblica e lo Sforza; vale inoltre la pena di ricordare che tutti i possedimenti del Colleoni si trovavano in territorio veneziano, e infine che le istituzioni ambrosiane erano probabilmente in arretrato con il pagamento del soldo. L'occasione di riprendere i contatti con la Serenissima gli fu probabilmente offerta dopo l'impresa di Tortona, allorché a Bartolomeo fu comandato di conquistare il ponte di Lecco, che fallì per scarsità di soldati e di mezzi d'assedio. L'avventura milanese del condottiero, insomma, si stava rapidamente avvicinando alla fine.

▲ **La famosa statua equestre del Verrocchio** ha diverse imitazioni sparse nel mondo, questa si trova a Szczecin in Polonia.
The famous equestrian statue of Verrocchio has various imitations throughout the world, this is located in Poland.

L'INNOVATIVO UTILIZZO DELLE ARTIGLIERIE

Anche se non pare accettabile l'opinione di quanti hanno ritenuto che il Colleoni sia stato l'ideatore dell'artiglieria da campagna, è indubbio che egli fece delle armi da fuoco un uso assolutamente innovativo per il quindicesimo secolo. Se già da decenni schioppetti e spingarde erano adoperati sui campi di battaglia, spetta infatti al condottiero bergamasco il merito di averne intuito e sviluppato le devastanti potenzialità offensive, rendendo il loro trasporto assai più rapido e il loro utilizzo molto più agevole. Pare infatti che vada attribuita al Colleoni l'idea di collocare le artiglierie sopra dei carri mobili, una semplice intuizione i cui esiti in battaglia sono facili da immaginare.

Bartolomeo, insomma, sfruttò appieno tutte le possibilità che gli venivano offerte dall'impiego delle armi da fuoco; e anche se in questo modo egli si attirò le numerosi critiche di coloro che reputavano questo modo di combattere eccessivamente feroce e poco cavalleresco, non possiamo fare a meno di notare, dati i rapidi progressi che le artiglierie compiranno nei secoli successivi, che in questo campo il Colleoni fu un geniale precursore dei tempi.

RITORNO A VENEZIA

DOPPIO TRADIMENTO

Nel novembre del 1447 le forze milanesi conquistarono Piacenza, non senza aver dovuto affrontare una dura battaglia. Fallito il tentativo di raggiungere un accordo di pace, le ostilità ripresero l'anno successivo, quando allo Sforza fu ordinato di prendere Lodi, ove le milizie veneziane si preparavano a resistere.

Nel giugno venne comandato al Colleoni di attraversare l'Adda e di porre l'assedio alla città anche da est; eseguito tosto l'ordine, Bartolomeo approfittò della circostanza per ricongiungersi alle truppe della Serenissima, con la quale aveva stipulato un contratto di condotta il mese precedente. Saputa la cosa, la repubblica ambrosiana giustamente se ne adontò; e senza dubbio questo fu da parte del Colleoni un tradimento palese e privo di giustificazioni. Si rammenti tuttavia che il costume dei condottieri, all'epoca, non prevedeva molte concessioni all'onore quando erano in gioco gli interessi personali: il bergamasco, uomo dei suoi tempi, valutò più conveniente per lui tornare sotto le insegne del leone, probabilmente a causa delle ragioni riassunte nel paragrafo precedente, e agì di conseguenza.

Certo è che le istituzioni milanesi non presero affatto bene la cosa: in una grida proclamata alcuni giorni dopo il cambio di insegne del Colleoni, venne posta sulla sua testa una taglia di diecimila ducati se consegnato vivo, e di quattromila se consegnato morto.

Nel frattempo la guerra continuava, e la defezione di Bartolomeo obbligò i milanesi a rivedere le loro strategie: nello stesso mese di giugno, infatti, le milizie colleonesche conquistarono Mozzanica, costringendo lo Sforza ad accorrere in aiuto di Cremona. Sconfitte nel luglio le forze veneziane presso Casalmaggiore, egli giunse infine a Caravaggio, che fu posta sotto assedio; pochi giorni dopo l'armata della Serenissima, rapidamente accorsa, si accampava a breve distanza dalle forze nemiche. Era senza dubbio una buona occasione per cercare di annientare le milizie ambrosiane in battaglia, ma tutt'altro che remoto era anche il rischio di venir sopraffatti dai nemici. Tra i condottieri al soldo di Venezia che spingevano per lo scontro ci fu Gentile della Leonessa, che ritroveremo più avanti, mentre il capitano generale Micheletto Attendolo fu tra coloro che consigliarono una temporanea ritirata.

Il Colleoni, a quanto pare, fu l'unico a proporre di temporeggiare: egli, che ben conosceva le condizioni dell'armata milanese, intuiva certo che i contrasti tra i suoi capitani e la mancanza di provviste non avrebbero consentito ai nemici di resistere a lungo.

Il senato veneziano non tenne tuttavia debito conto dell'esperienza che il Colleoni aveva maturato mentre era al servizio di Milano: forse desideroso di chiudere i conti una volta per tutte con l'odiato vicino, esso deliberò di ingaggiar battaglia con le truppe ambrosiane. Lo scontro infine avvenne nei primi giorni di settembre, e si risolse in una totale disfatta delle milizie veneziane. Il Colleoni, la cosa non ci stupirà, resistette fino a quando gli fu possibile agli avversari che lo incalzavano; perduta infine ogni speranza di vittoria egli fu costretto a ripiegare in un bosco vicino, dirigendosi successivamente alla volta di Bergamo. Micheletto Attendolo pagò con il licenziamento la grave sconfitta, e considerata la fine che poco tempo prima aveva fatto il Carmagnola, non gli andò neppure troppo male.

In sua sostituzione la Serenissima nominò capitano generale Sigismondo Malatesta.

Lo Sforza, nel frattempo, dilagava con le sue truppe nel bergamasco e nel bresciano; ma a questo punto egli, giudicando la situazione favorevole al compimento degli obbiettivi che aveva finora tenuto celati, ruppe ogni indugio e venne a patti con Venezia. L'accordo che venne stipulato a Rivoltella nel mese di ottobre prevedeva che lo Sforza rinunciasse ai territori bresciani e bergamaschi che aveva recentemente occupato; passavano inoltre sotto il controllo della Serenissima la città di Crema e la Gera d'Adda. Venezia in cambio riconosceva lo Sforza legittimo successore di Filippo Maria Visconti, si impegnava a versargli tredicimila ducati ogni mese e a fornire quattromila cavalli e tremila fanti sino alla compiuta riconquista di Milano.

AL FIANCO DELLO SFORZA

Ligia ai patti appena stipulati con lo Sforza, che nel frattempo avanzava verso Milano, Venezia affidò al Colleoni il compito di ricondurre all'obbedienza Parma, ove erano scoppiati violenti tumulti. Nel febbraio del 1449 la città venne costretta a capitolare e ad accettare la signoria sforzesca. La repubblica ambrosiana, intanto, aveva stipulato un'alleanza con il duca di Savoia, Ludovico, ed egli aveva mandato in suo soccorso seimila soldati, che stavano creando non pochi problemi alle truppe sforzesche.

Nell'aprile Bartolomeo affrontò le truppe savoiarde sulla Sesia, riportando una prima, formidabile vittoria; ma il duca di Savoia, vinto ma non domo, ricostituì in fretta la sue forze, sicché il Colleoni, alcune settimane dopo, fu costretto ad affrontare nuovamente i nemici presso Borgomanero. Dopo un iniziale momento di difficoltà, la reazione delle truppe colleonesche fu travolgente: sul campo restarono i cadaveri di duemila nemici, mentre mille furono i soldati fatti prigionieri, oltre a tutti i loro capitani.

Questa seconda, terribile rotta in così breve tempo, riportò il duca di Savoia ai più miti consigli; ed egli infatti non ebbe più alcuna parte in questa guerra. Assicurato il fianco occidentale, il Colleoni si diresse alla volta di Vigevano, ove lo Sforza stava stringendo d'assedio la città. Con l'aiuto delle milizie veneziane anche questa impresa fu completata in breve tempo, nonostante la valorosa ed accanita resistenza dei cittadini.

Mentre la Serenissima, giustamente soddisfatta dell'operato del Colleoni, gli riconfermava nel maggio un altro anno di condotta, le maglie dello Sforza si stringevano sempre più attorno a Milano. Ma a questo punto la fortuna, che come si sa è fin troppo volubile, cominciò a far sentire il peso dei suoi capricci: già nel mese precedente Francesco Piccinino e suo fratello Jacopo avevano tradito lo Sforza ed erano tornati al soldo dei milanesi.

Ben più grave fu tuttavia la nuova linea politica che il senato veneziano, continuamente sollecitato dalle istituzioni ambrosiane affinché si raggiungesse un accordo di pace, scelse di intraprendere. Esso infatti sembrò riconsiderare la propria posizione nei confronti dello Sforza: se infatti il condottiero avesse infine conquistato il vecchio ducato visconteo, la situazione geopolitica risultante non sarebbe certo stata priva di rischi per la Serenissima.

Nel settembre del 1449 la repubblica ambrosiana e Venezia stipularono pertanto un accordo di pace ed alleanza; secondo la volontà dei veneziani, tuttavia, anche allo Sforza doveva essere proposto di entrare a far parte della lega. Quest'ultimo, nel frattempo, andava preparando l'assalto finale contro Milano; ma la notte prevista per l'attacco il Colleoni si recò da lui riferendogli che aveva ricevuto l'ordine di non fornire ulteriore aiuto alle milizie sforzesche. Il giorno dopo, lo Sforza fu informato del trattato di alleanza che Milano e Venezia avevano concordato; al condottiero le parti concedevano comunque la possibilità di unirsi alla lega in qualità di signore di Pavia, Parma, Piacenza, Cremona, Alessandria, Tortona e Novara. La repubblica ambrosiana sarebbe stata ridimensionata ai soli territori di Milano, Lodi e Como.

Domandato del tempo per riflettere sulla proposta, lo Sforza infine la rifiutò; l'alleanza con Venezia era terminata, e il Colleoni era nuovamente un nemico.

LA FINE DELLA REPUBBLICA AMBROSIANA

Due questioni erano per gli alleati di primaria importanza: ricongiungere le truppe milanesi con quelle veneziane e portare approvvigionamenti a Milano il più rapidamente possibile.

Per raggiungere lo scopo venne predisposto un piano, la cui attuazione fu affidata al Colleoni: egli avrebbe dovuto organizzare il passeggio delle truppe della Serenissima attraverso l'Adda, che avrebbe dovuto svolgersi presso Brivio o Trezzo. Lo Sforza tuttavia stava all'erta, rintuzzando prontamente ogni tentativo da parte di Venezia di occupare qualche punto della riva destra del fiume; e poiché i tempi si allungavano, e le condizioni di Milano andavano continuamente peggiorando, al Colleoni venne infine comandato di eseguire una nuova strategia: raggiungere Como risalendo l'Adda e attraversando il lago, e di lì scendere in soccorso dei milanesi. Nel dicembre del 1449 Bartolomeo eseguì rapidamente l'ordine ricevuto: attraversata la Val San Martino e la Valsassina, raggiunse tramite il lago la guarnigione milanese di stanza a Como. Lo Sforza questa volta tentò vanamente di opporsi all'avanzata delle truppe del Colleoni; la difficoltà nel contrastare il vecchio alleato e la scarsità di provviste lo costrinsero a retrocedere fino a Vimercate, donde si proponeva di impedire alle truppe veneziane, raggiunte nel gennaio del 1450 da Jacopo Piccinino, di portare a Milano il tanto atteso soccorso.

Ma era ormai troppo tardi, e l'agonizzante repubblica ambrosiana si preparava a concludere la sua breve vita: la popolazione milanese, del tutto stremata dall'inedia e dalle difficoltà degli ultimi anni, insorse alla fine di febbraio, uccidendo l'ambasciatore di Venezia, simbolo di tante speranze tradite, e costringendo alla fuga i magistrati cittadini.

Nei giorni successivi fu deliberato di accettare la signoria sforzesca; la repubblica di Sant'Ambrogio aveva infine cessato di esistere.

La nuova situazione non favorì il chetarsi delle inquietudini di Venezia, che certamente temeva l'aggressività e l'ambizione dello Sforza. Di lì a poco queste tensioni, attizzate da alcuni trattati che le due potenze stipularono con gli stati vicini, sarebbero sfociate nell'ennesima guerra; ma altre preoccupazioni avrebbero assillato il Colleoni prima dell'apertura delle ostilità, e un importante evento lo avrebbe di nuovo condotto lontano dalla Serenissima.

▲ Antiporto Miniato dei "commentari" del Cornazzano che mostrano il condottiero bergamasco in groppa ad un cavallo bianco.

Miniature of "commentaries" of Cornazzano showing the captain on a white horse.

IL CASTELLO DI MALPAGA

Quando il Colleoni acquistò le rovine di Malpaga da Venezia, nell'aprile del 1456, egli era già proprietario di una casa a Bergamo e di una a Brescia, oltre che dei castelli di Romano e Urgnano. Il sito, come risulta dal documento rogato per l'occasione, gli costò cento ducati.
Ben presto sui miseri resti del preesistente fortilizio il condottiero diede avvio ai lavori per la costruzione di un nuovo castello, delle strutture per la corte e degli edifici necessari ai suoi soldati e ufficiali. Purtroppo non ci è possibile dilungarci sulle descrizione di questo luogo, che meriterebbe invero uno spazio assai maggiore di quello che possiamo dedicargli; impossibile tuttavia non ricordare gli affreschi che rappresentano la visita a Malpaga effettuata da re Cristiano I di Danimarca, ancora oggi splendidi, e quello situato in cortile, che raffigura la battaglia della Riccardina. Entrambe le opere sono attribuite al Romanino.
Vale anche la pena di accennare alla parte che Bartolomeo ebbe nello sviluppo economico della zona, dove fece erigere mulini, canali e infrastrutture.

L'IMPEGNO NELLE OPERE PUBBLICHE

Il Colleoni svolse sulle sue terre un'attività instancabile, prodigandosi nella costruzione di industrie e nuovi canali d'irrigazione.
Fra le sue opere più notevoli ricordiamo la ristrutturazione e l'allargamento della roggia Morlana, che nasce presso Albino dal fiume Serio. Da essa Bartolomeo fece poi derivare ulteriori canali, il principale dei quali, che ha origine presso via del Casalino a Bergamo, conserva ancora oggi il nome di roggia Colleonesca.
Analogo ampliamento il condottiero fece operare su quella che verrà poi denominata roggia Borgogna, e che ha origine presso Villa di Serio. Nel corso di tale ristrutturazione egli fece scavare un nuovo canale, che giunge fino a Malpaga e Cavernago, e molteplici diramazioni secondarie. Una terza roggia fu costruita presso Fara Gera d'Adda, ed è quella che ha oggi il nome di roggia della Misericordia.
Il Colleoni patrocinò anche la ristrutturazione degli antichi bagni di Trescore e la bonifica del territorio di Cavernago, e fondò a Bergamo un Istituto di Pietà, tuttora esistente, provvedendo a dotarlo copiosamente di beni; lo scopo principale dell'ente fu quello di provvedere alla dote delle fanciulle bergamasche povere. Assai ambiziosi furono anche i progetti che il capitano non riuscì a mettere in pratica: la derivazione di un nuovo canale dal Brembo, atto all'irrigazione dell'intera Isola bergamasca; la grandiosa costruzione di un naviglio che avrebbe dovuto unire il Serio, il Brembo e il Po; infine, la realizzazione di un altro naviglio, che avrebbe attraversato le montagne e collegato il Lago d'Iseo con l'Adda, alimentato dal fiume Cherio.
Degno di essere menzionato è anche l'intervento presso il santuario della Basella, luogo che al Colleoni fu sempre molto caro: a suo merito vanno ascritti gli interventi di ampliamento della chiesa e la costruzione del vicino convento domenicano.

▶ **Malpaga,** la dimora prediletta dal gran condottiero, che qui passò gran parte della fase finale della sua vita e dove morì.
Malpaga was the favorite residence of the great commander, who here spent most of the final phase of his life.

SOTTO LE INSEGNE SFORZESCHE

RABBIA E DELUSIONE

opo la caduta della repubblica di Sant'Ambrogio, le milizie veneziane poterono tornare in patria, trascorrendo buona parte del 1450 in relativa tranquillità.

Nel frattempo altri avvenimenti, come poc'anzi accennato, andavano preparando un nuovo conflitto: nel luglio dello stesso anno Venezia strinse un'alleanza con Alfonso V d'Aragona, patto al quale successivamente aderirono anche la Savoia e il Monferrato. In reazione a questo trattato, nell'estate del 1451 lo Sforza concluse un'alleanza con Firenze; nel successivo febbraio, infine, anche Carlo VII di Francia entrò nella lega. Nel 1452, tuttavia, molte cose erano ormai cambiate per il Colleoni: nell'ottobre di due anni prima egli era stato inviato a Isola della Scala, nel veronese, per tener sotto controllo le attività del marchese di Mantova, Ludovico III, che si mormorava fosse stato ingaggiato dallo Sforza; né questo era il solo cruccio che in quel momento impensieriva la Serenissima. Durante l'estate il capitano generale Sigismondo Malatesta era stato infatti accusato di aver aggredito una nobildonna tedesca e il suo seguito, diretti in pellegrinaggio a Roma. Nel novembre, poiché i sospetti sul Malatesta si facevano sempre più pesanti, Venezia decise infine di non rinnovargli l'incarico e di nominare un nuovo comandante supremo per il suo esercito; e non vi è da dubitare del fatto che il Colleoni credette finalmente di aver assicurata la ricompensa di anni di fedeli e proficui servigi. Ancora una volta, tuttavia, le sue legittime ambizioni furono frustrate: ad ascendere

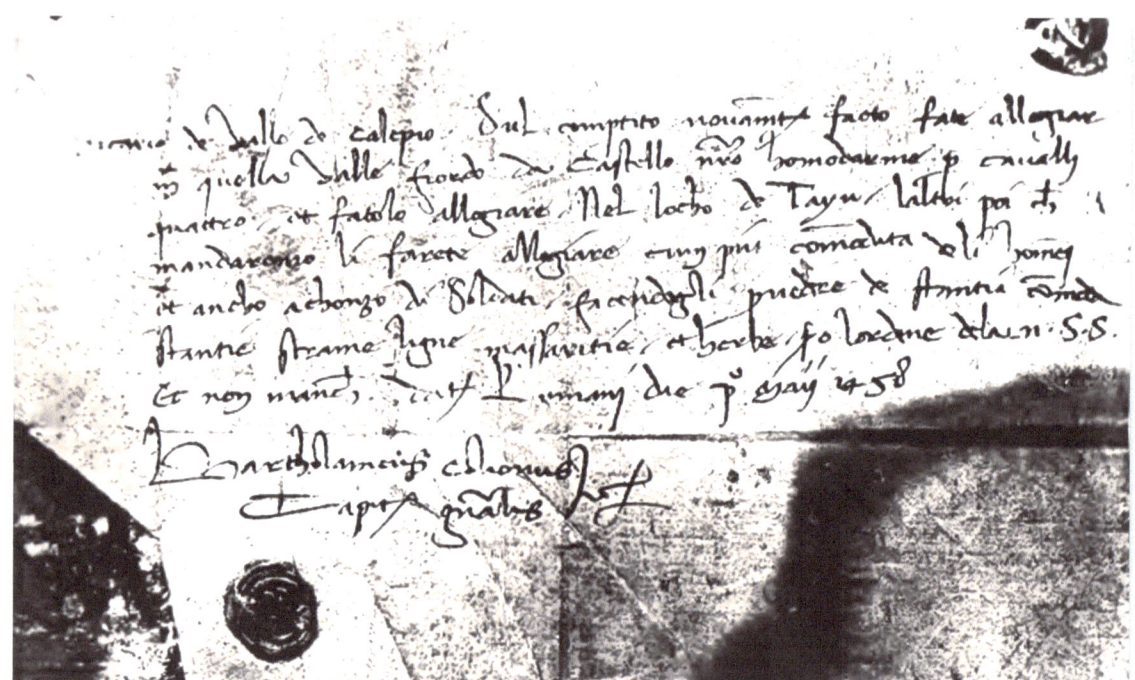

al capitanato generale, nel febbraio del 1451, fu Gentile della Leonessa, condottiero certo di minor valore rispetto a Bartolomeo, ma che essendo parente del Gattamelata poté contare su appoggi politici molto più consistenti.

Il Colleoni ne fu grandemente offeso, e non esitò un solo istante prima di manifestare alla Repubblica il suo sdegno: anzitutto non volle presenziare alla cerimonia di investitura del nuovo comandante generale, ma soprattutto inviò il nipote a notificare alle istituzioni veneziane il proprio desiderio di prendere congedo una volta scaduto il suo ingaggio.

Venezia non fu felice di apprendere la cosa: sia perché non voleva perdere un condottiero di notevole valore quale era il Colleoni, sia perché probabilmente temeva che egli potesse passare al servizio di qualche nemico. Dopo aver tentato più volte di convincerlo a rimanere, i veneziani presero infine la sola decisione che rimaneva loro per evitare qualsiasi rischio: se il Colleoni non voleva servire presso di loro, non avrebbe servito presso altri.

Il compito di togliere di mezzo l'ormai scomodo condottiero fu affidato nel maggio del 1451 a Gentile della Leonessa e a Jacopo Piccinino, recentemente passato al soldo di Venezia.

L'attacco fu portato durante la notte, mentre Bartolomeo si trovava ancora a Isola della Scala; ma il Colleoni, avvedutosi dell'inganno, riuscì a fuggire verso Mantova, dove venne accolto dal marchese Ludovico. Nulla poté fare il bergamasco per salvare i suoi beni, che vennero saccheggiati, mentre tutti i suoi possedimenti vennero successivamente posti sotto sequestro. I suoi famigliari, pur tributando loro il dovuto rispetto, furono condotti a Venezia e tenuti sotto custodia. Riguardo ai suoi uomini, molti vennero sterminati, altri vennero sbandati e successivamente riassunti; un certo numero, infine, riuscì a fuggire e a mettersi in salvo. Dulcis in fundo, i veneziani diffusero presso gli altri strati italiani una lettera in cui accusavano il Colleoni di tradimento, occultando i reali motivi del loro operato.

Il Colleoni, nel frattempo, raggiunse in breve tempo Milano, dove lo Sforza fu lesto ad afferrare l'occasione che gli si presentava: dopo averlo benevolmente accolto, egli affidava al bergamasco una condotta di duemila cavalli e cinquecento fanti, promettendogli inoltre di fare il possibile per organizzare la liberazione della sua famiglia alla prima occasione utile. Una nuova guerra si avvicinava, e questa volta la Serenissima sarebbe stato il nemico.

CONTRO VENEZIA

Nel maggio del 1452 Venezia ruppe ogni indugio e dichiarò guerra allo Sforza; poche settimane dopo ebbero inizio le ostilità anche tra Firenze e il regno di Napoli, di cui tuttavia non ci occuperemo. Passato l'Oglio, l'esercito della Repubblica prese Soncino, mentre le truppe sforzesche, che avevano attraversato l'Oglio più a sud, prendevano Pontevico e dilagavano poi nel bresciano. È possibile che già da questi primi mesi di guerra Venezia stesse coltivando il proposito di riavvicinare il Colleoni, che si trovava di stanza a Piacenza, ma tali tentativi non ebbero per il momento alcun seguito; Bartolomeo, anzi, avrebbe fatto pagare a caro prezzo l'aggressione subita l'anno precedente. Dopo alcuni scontri di scarsa importanza, nell'ottobre lo Sforza decise di lanciare una sfida ai veneziani, in modo da concludere la guerra in un'unica e risolutiva battaglia, che avrebbe dovuto tenersi a Montichiari. I nemici accettarono la sfida, ma il giorno convenuto non si presentarono, adducendo come scusa il cattivo tempo. Le milizie della Repubblica, nel frattempo, non erano rimaste inoperose: cinta d'assedio la città di Lodi, per facilitarne la capitolazione avevano costruito un ponte di barche sull'Adda, fortificandone le estremità. Nel dicembre, dopo il fallimento di altri suoi condottieri, lo Sforza affidò al Colleoni il compito di rompere l'assedio.

▲ Soldati in marcia di avvicinamento al nemico, notare le artiglierie della metà del '400 faticosamente trainate a mano dagli armigeri.
Soldiers march towards the enemy, note the artillery of the mid-'400 hard hand-drawn by the men at arms.

◄ Lettera autografa di Bartolomeo Colleoni, conservata nell'archivio della Biblioteca Angelo mai di Bergamo.
Autograph letter of Bartolomeo Colleoni, kept in the Biblioteca Angelo Mai of Bergamo.

Il bergamasco, portatosi presso Abbadia Cerreto, distrusse i presidi posti a difesa del ponte di barche, espugnandone le fortificazioni grazie ad un largo utilizzo delle artiglierie.
Nel gennaio del 1453, mentre i veneziani conquistavano Castiglione delle Stiviere, lo Sforza comandò al Colleoni di recarsi nel Monferrato, dove i movimenti del marchese Guglielmo VIII avevano suscitato i sospetti e i timori del nuovo duca di Milano. Espugnati diversi luoghi fortificati nella zona di Alessandria, il bergamasco si fermò quindi a Pozzolo Formigaro, dove lo Sforza intendeva far costruire un castello. Tale proposito non incontrò peraltro il favore dei tortonesi, che rifiutarono di fornire al Colleoni gli uomini e i mezzi necessari alla fabbricazione dell'edificio; il marchese Guglielmo, nel frattempo, continuava ad incrementare il numero delle sue truppe. Mentre Bartolomeo era alle prese con tali problemi Venezia, nel marzo del 1453, conquistava Manerbio. Il prezzo dell'impresa fu tuttavia assai oneroso: negli scontri sotto la città rimase mortalmente ferito Gentile della

Leonessa, che spirò il mese successivo. Il capitanato generale dell'esercito veneziano venne quindi offerto a Jacopo Piccinino. Renato d'Angiò, intanto, si preparava a scendere in Italia per portare soccorso alla causa sforzesca. Impossibilitato a passare per Alpi a causa dell'opposizione del duca Ludovico di Savoia, non gli restò che ripiegare su Marsiglia, dove imbarcò le sue milizie per salpare alla volta di Ventimiglia; spostatosi quindi dalla città ligure verso Asti, entrò infine in Alessandria, dove verso la fine di agosto lo raggiunse il Colleoni.

Ma a questo punto il francese, forse mal tollerando di dover spendere le sue risorse in una guerra che aveva ben poco a che fare con i suoi interessi, volle tentare di far da paciere tra lo Sforza e il marchese Guglielmo. Mentre l'Angiò temporeggiava, il Colleoni occupò San Martino Alfieri, donde fece ritorno nel lombardo; in breve tempo egli prese Martinengo, Romano di Lombardia, Trescore, la Val Calepio e parte della zona compresa tra Bergamo e l'Oglio. Mediato l'accordo tra il duca di Milano e il marchese del Monferrato, Renato d'Angiò si era nel frattempo rimesso in marcia: raggiunta Milano verso la fine di settembre, nel mese successivo egli si ricongiunse infine con Francesco Sforza presso Ghedi.

Coadiuvato dalle truppe angioine, lo Sforza mosse quindi le sue milizie alla conquista di Bassano, Manerbio e Pontevico, dove insorsero alcuni screzi tra i suoi soldati e i francesi, pare a causa dell'eccessiva efferatezza dimostrata da questi ultimi nei combattimenti e verso i civili. Resistenza più accanita trovò il duca di Milano a Rovato, che solo con l'aiuto del Colleoni sarebbe stata espugnata; il bergamasco proseguì poi la sua inarrestabile azione conquistando Orzinuovi, Soncino, Romanengo e la Val Camonica.

Lo Sforza, va detto, si dimostrò generoso con il condottiero, e in cambio del suo prezioso operato gli elargì grandi ricompense. Confermatogli il possesso di Martinengo e di Romano, il duca lo insignorì anche di Cologno, Urgnano e Castell'Arquato; già in ottobre, inoltre, egli aveva ottenuto da Venezia la liberazione della moglie e della figlia del Colleoni in cambio di alcuni prigionieri. Bartolomeo, peraltro, dimostrò di meritare ampiamente ogni

singola concessione che gli venne fatta dallo Sforza: da Urgnano, infatti, egli guadagnò al duca gran parte della bergamasca, quindi tornò in Val Camonica, dove patteggiò la resa di Breno. Voltosi poi verso Lovere, oltrepassò la Val Gandino e conquistò Desenzano, Comenduno e Albino; la meta finale di questa marcia irrefrenabile era evidentemente la stessa Bergamo.

Prima di giungervi il Colleoni affrontò e vinse le truppe del governatore della città, Lodovico Malvezzi, che aveva vanamente

◄ Particolare suggestivo del monumento equestre del Colleoni eseguito dal Verrocchio a Venezia.
Particularly of the statue of Colleoni executed by Verrocchio in Venice.

► Armoriale colleonesco tratto dalla vita di Bartolomeo Colleoni di Pietro Spino.
Armorial of Colleoni from the life of Bartolomeo Colleoni write by the Spino.

tentato di sbarrargli la strada, e prese successivamente Nembro ed Alzano. La conquista di Bergamo, di cui lo Sforza aveva peraltro promesso la signoria al suo condottiero, era ormai a portata di mano; ma il tempo che il Colleoni doveva spendere al servizio del duca di Milano volgeva ormai al termine, e una vecchia conoscenza era ansiosa di accoglierlo nuovamente sotto le sue insegne.

IL MONUMENTO EQUESTRE DEL COLLEONI

Nel luglio del 1479, a perpetua celebrazione della memoria del suo defunto capitano generale, il senato di Venezia deliberò di far costruire una statua equestre a Bartolomeo Colleoni. Lo stesso condottiero aveva richiesto nel testamento che gli fosse concesso tale onore, che la Repubblica gli accordò peraltro solo alcuni anni dopo la sua morte.

La fabbricazione del monumento venne commissionata ad Andrea Verrocchio, che tuttavia non vide mai la realizzazione della sua opera, terminata nel 1488: egli però dopo aver completato il modello di quello che rimane un grande capolavoro dell'arte quattrocentesca, e la statua venne portata a compimento da Alessandro Leopardi.

In essa il Colleoni è fieramente rappresentato a cavallo del suo destriero, con indosso l'armatura e recante nella mano destra il bastone del comando; egli pare scrutare con uno sguardo grave e terribile tutti i nemici della Serenissima, come se rivolgesse loro un tacito ammonimento. L'insieme trasmette una sensazione di forza e vigore, di indomabile volontà e di ferma risolutezza; qualità che certo non fecero difetto al condottiero bergamasco!

Nel costruire il modello il Verrocchio diede prova di straordinaria abilità, riuscendo perfino a risolvere l'annoso problema di come riuscire a mantenere stabile un monumento equestre posato su tre sole zampe del cavallo. Si voleva infatti mantenere alzata la quarta zampa per dare all'osservatore l'impressione del solenne incedere dell'animale, ma si temeva che il peso del monumento fosse eccessivo per tre soli punti d'appoggio.

La statua venne collocata nel Campo Santi Giovanni e Paolo, trasgredendo in questo alle volontà del Colleoni, che aveva chiesto di farla sistemare in Piazza San Marco.

Pur con questa lieve pecca, noi crediamo tuttavia che Venezia non avrebbe potuto onorare in modo più degno l'uomo che le aveva consacrato tanta parte della sua esistenza, che per lei aveva combattuto e patito: il suo capitano generale, Bartolomeo Colleoni, il cui magnifico monumento ancora oggi pare ergersi con invincibile ardore a difesa della città.

VENEZIA, SINO ALLA MORTE

IL RICHIAMO DELLA SERENISSIMA

Già nell'ottobre dell'anno precedente, in effetti, a Venezia era stato deciso di avviare ufficialmente le trattative con il Colleoni affinché egli ritornasse a combattere per la Serenissima. Che la Repubblica non avesse doppi fini pare indubitabile: nel gennaio del 1454, mentre veniva presentata al Colleoni una prima condotta, essa rifiutò con durezza la proposta di un proprio ufficiale, che si offriva di organizzare l'omicidio del condottiero.

Nello stesso mese Venezia deliberava di accettare le modifiche che Bartolomeo aveva operato sulla condotta che gli era stata esposta; ma per siglare l'accordo sarebbero dovuti trascorrere ancora più di due mesi. Nel marzo la Repubblica acconsentì ad ulteriori richieste che fece il bergamasco, ma nello stesso tempo diede istruzioni al funzionario incaricato di seguire l'operazione di affrettare i tempi, anche perché si erano ormai diffuse le voci di un possibile passaggio del Colleoni al soldo della Serenissima. L'accordo venne infine ufficializzato il 12 aprile del 1454: in base ad esso il condottiero si impegnava a Servire Venezia per due anni, più uno di rispetto, con uno stipendio annuale di centomila fiorini e trentamila di prestanza, ovvero di anticipo. Gli veniva assicurata, in caso di conquista, una signoria a sua scelta tra quelle su Como, Lodi o la Gera d'Adda, assieme a quelle su Trezzo, Mozzanica e Fontanella, e un risarcimento, quantificato in trentamila ducati, per i danni che aveva subito dopo l'aggressione a Isola della Scala. Infine, meritato coronamento di una brillante carriera militare, gli fu promesso il capitanato generale allo spirare della condotta del Piccinino.

▼ **La Processione in piazza San Marco a Venezia** è un dipinto tempera su tela di Gentile Bellini, databile al 1496
Procession in Piazza San Marco in Venice, by Gentile Bellini, 1495 about.

◄ **Araldica colleonesca dagli affreschi del castello di Malpaga.**
Colleoni's Heraldry by the frescoes of the castle of Malpaga.

Per quanto le parti avessero fatto il possibile per mantenere segreti gli accordi che andavano stringendo, qualche sussurro dovette certo giungere alle orecchie di Francesco Sforza; egli tuttavia credette forse che, mostrandosi generoso nei confronti del Colleoni, quest'ultimo sarebbe stato restio ad allontanarsi dal suo servizio. Ma i calcoli del duca, questa volta, erano destinati a rivelarsi errati: Venezia garantiva al bergamasco il futuro comando generale del suo esercito, ciò che per tutta la vita egli aveva bramato e che per ben due volte gli era scivolato tra le dita. Certo, lo Sforza gli aveva fatto le più ampie concessioni, promettendogli anche la signoria di Bergamo; ma il condottiero era troppo avveduto per non rendersi conto che, pur padrone della città, egli sarebbe sempre stato il classico vaso di coccio tra i due vasi di ferro, il ducato di Milano da una parte e la Repubblica dall'altra. A proposito del passaggio del Colleoni alla Serenissima è peraltro inopportuno parlare di tradimento: prima di tutto il suo impegno con lo Sforza era in scadenza nell'aprile del 1454, e in secondo luogo egli stesso, nel febbraio del medesimo anno, informava il duca di essere deciso a prendere licenza dal suo servizio. Si può forse rimanere perplessi dinanzi a quella che può sembrare ingratitudine da parte del Colleoni nei confronti dello Sforza, che l'aveva accolto dopo il fallito agguato a Isola della Scala; ma anche in questo caso va riconosciuto che Bartolomeo, nei due anni di guerra con Venezia, seppe ben sdebitarsi con colui che l'aveva aiutato in un pur così difficile momento. Il duca stesso, in effetti, non sembrava pensare ad un tradimento a proposito del ritorno alla Repubblica del suo condottiero: dalle sue missive traspare piuttosto un senso di amara delusione. Altri problemi, tuttavia, premevano ormai sul fronte internazionale, e l'abbandono del Colleoni, di cui pure lo Sforza dovette certo rimanere offeso e scontento, passava in secondo piano.
Il 29 maggio del 1453, infatti, l'esercito ottomano aveva espugnato Costantinopoli, richiamando bruscamente l'attenzione di tutta l'Europa sul pericolo turco.

LA PACE DI LODI E LA LEGA ITALICA

L'incombente minaccia ottomana non era il solo avvenimento che consigliava ai contendenti di raggiungere al più presto un accordo di pace: nello stesso 1453 si concluse infine, dopo circa 116 anni di altalenanti conflitti, anche il lungo scontro che oggi è conosciuto con il nome di Guerra dei cent'anni. Ora, la casata degli Orleans, come si ricorderà, vantava un legame di parentela con i Visconti, ed avrebbe quindi potuto avanzare rivendicazioni sul ducato di Milano. Se quindi la caduta di Costantinopoli, che significava guai per Venezia ed i suoi commerci, non destò poi troppo le preoccupazioni dello Sforza, altrettanto non si può dire a proposito della fine della guerra tra Francia ed Inghilterra: non più distratti dall'interminabile conflitto con i loro nemici, gli Orleans avrebbero potuto rivolgere la loro attenzione ai territori milanesi. La pace tra gli stati italiani, lungamente caldeggiata dal Papa, Niccolò V, venne infine firmata a Lodi il 9 aprile 1454. Nei progetti del Pontefice essa avrebbe dovuto essere il primo passo sulla strada che avrebbe condotto ad una grande crociata di tutta la cristianità europea contro il pericolo turco; e anche se le aspettative di Niccolò V e dei suoi successori rimarranno delusi, la pace di Lodi riuscì comunque a garantire un lungo periodo di pace alla ormai esausta penisola italiana.
I termini del trattato furono i seguenti: il confine tra il territorio soggetto a Milano e quello appartenente a Venezia sarebbe stato segnato dall'Adda; lo Sforza, inoltre, era tenuto a rendere le sue conquiste nel bresciano e nel bergamasco, ma poteva conservare la Gera d'Adda, Mozzanica e le sue conquiste nel cremonese, sino all'Oglio. Brivio, la cui rocca sarebbe stata demolita, sarebbe invece rimasta ai veneziani. Il duca di Savoia e il marchese del Monferrato, infine, avrebbero dovuto restituire le loro conquiste, pena l'esclusione

TAVOLA A

TAVOLA B

TAVOLA C

TAVOLA D

TAVOLA E

TAVOLA F

TAVOLA G

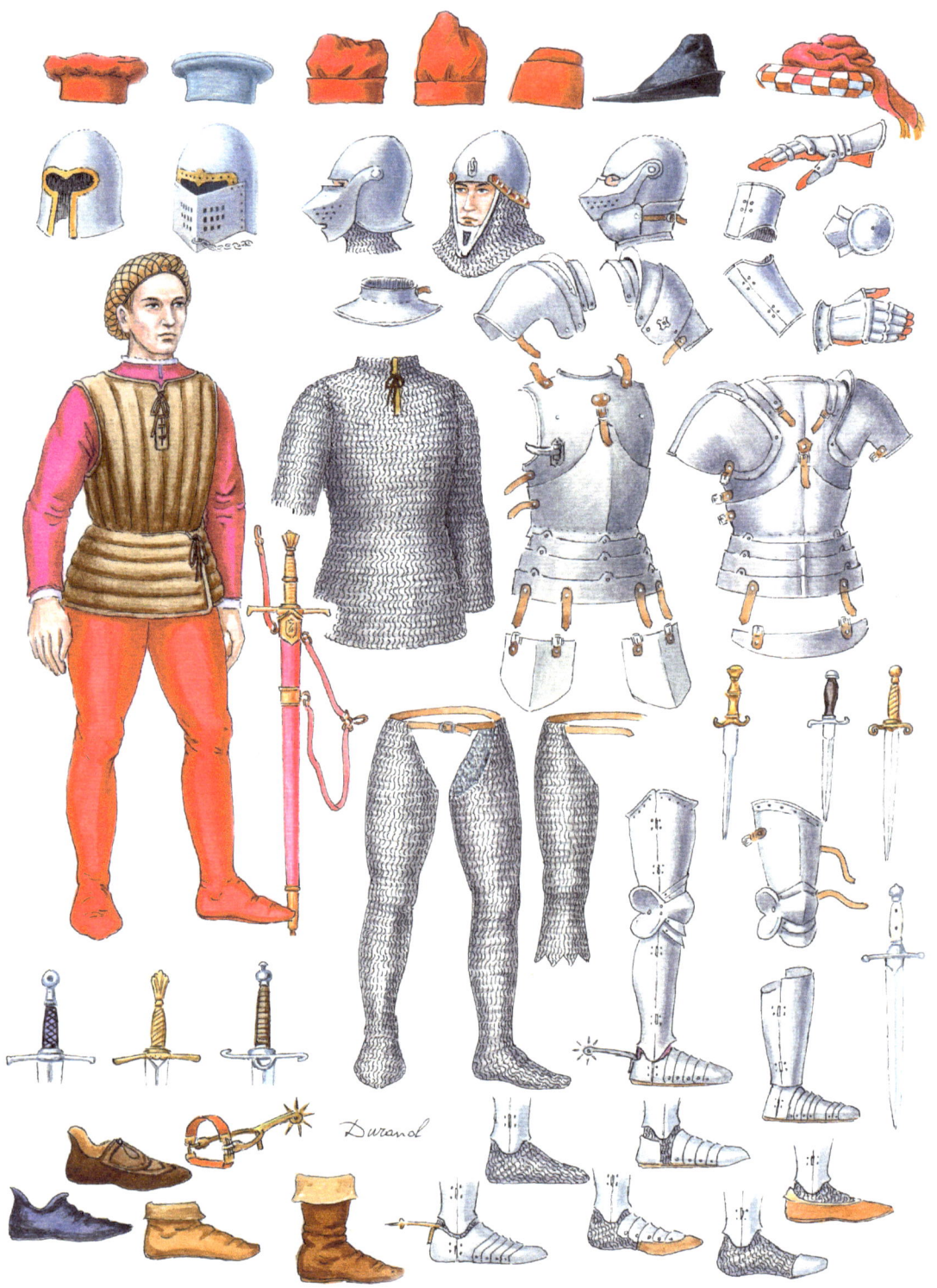

TAVOLA H

TAVOLA I

TAVOLA J

TAVOLA K

TAVOLA L

TAVOLA M

TAVOLA N

TAVOLA O

TAVOLA P

dalla pace. A tutte le realtà statuali italiane fu chiesto di aderire all'accordo, che stabiliva le estensioni e i confini dei loro territori; nell'agosto dell'anno successivo, a protezione dell'equilibrio che si era formato, venne istituita a Venezia la Lega italica, con la quale Venezia, Firenze, Milano, lo Stato della chiesa e il Regno di Napoli si impegnavano a garantire la pace per venticinque anni. Il Colleoni non fu certo soddisfatto della stipula del trattato: e come avrebbe potuto? Egli, da condottiero, con la guerra si guadagnava onori e ricchezze, e la pace per lui era un cattivo affare. Per di più le clausole dell'accordo lo obbligavano a restituire a Venezia le terre di cui lo Sforza lo aveva insignorito, pena la possibilità, da parte del duca, di intervenire militarmente per costringerlo ad adempiere a tali obblighi; e sul fatto che lo Sforza sarebbe stato ben lieto di scendere in campo contro il bergamasco non vi possono essere dubbi.

È pur vero che la Repubblica, a compensazione delle concessioni che il duca di Milano aveva fatto al Colleoni, diede a quest'ultimo il possesso di Martinengo, Cologno e Urgnano; ma le infauste condizioni in cui versava l'erario dello stato obbligavano Venezia a chiedere al condottiero, nel novembre del 1454, di ridurre il suo stipendio, che dopo un'iniziale opposizione da parte di Bartolomeo venne infine portato a sessantamila fiorini.

Queste piccole tensioni, tuttavia, scomparvero l'anno successivo, allorché il Colleoni, nel mese di marzo, vedeva finalmente realizzarsi un suo tanto vecchio quanto agognato desiderio.

IL TRIONFO: CAPITANO GENERALE DELLA REPUBBLICA DI VENEZIA

Già nell'ottobre del 1454 Venezia aveva notificato al suo capitano generale, Jacopo Piccinino, di non essere intenzionata a rinnovare la sua condotta, in scadenza nel marzo del 1455.

La Repubblica, in tal modo, otteneva un duplice risultato: prospettava una consistente riduzione delle sue spese, eliminando il costo degli stipendi del Piccinino, e poteva assicurare al Colleoni la sua prossima ascesa al comando generale, proprio mentre domandava al bergamasco di accondiscendere alla riduzione del suo onorario.

Il 10 marzo del 1455, finalmente, egli venne nominato capitano generale delle milizie della Repubblica di Venezia, anche se la consegna ufficiale del bastone del comando sarebbe avvenuta solo il 24 giugno. Se il Colleoni fosse sinceramente convinto di quel che disse in tale occasione, quando asserì che avrebbe speso il resto della sua vita sotto le insegne di San Marco, o se questa fu solo frase di circostanza, non ci è dato sapere; ma a noi piace pensare che egli, in cuor suo, fosse realmente deciso a rimanere fedele alla Serenissima sino alla fine, come in effetti sarebbe avvenuto. Nel frattempo il Piccinino, congedato da Venezia, si era diretto con i suoi uomini verso l'Italia centrale, probabilmente con lo scopo di crearsi uno proprio stato regionale.

Dopo aver vanamente tentato di insidiare Bologna egli si volse contro Siena, i cui cittadini, turbati, chiesero proprio al Colleoni di prendere le armi per proteggere la città. Il bergamasco, peraltro, avrebbe assecondato ben volentieri il loro desiderio se la Repubblica non gli avesse negato il permesso di intervenire negli scontri: dopo decenni di guerre assai impegnative e costose, pareva che Venezia avesse realmente intenzione di coltivare una politica meno aggressiva. I rapporti del Colleoni con lo Sforza, inoltre, erano ancora assai tesi, e poiché il duca di Milano era intervenuto assieme al Papa contro il Piccinino, la Repubblica giudicò evidentemente più opportuno cercare di evitare occasioni che avrebbero potuto generare screzi e diverbi.

Il 1456 passò pigramente, e fu per Bartolomeo un anno privo di avvenimenti degni di nota,

◀ **Ritratto virile del Colleoni verso il 1460**
Portrait of B.Colleoni in 1460 about.

▶ La guardia del re di Danimarca Cristiano I, durante la sua visita al castello di Malpaga, nella splendida ospitalità del condottiero bergamasco.

The guard of King Christian I of Denmark, during his visit at the castle of Malpas, in the wonderful hospitality of the Colleoni court.

a parte l'acquisto di Malpaga, che diverrà in seguito residenza favorita e sede della sua corte.
Nel febbraio del 1457 la sua condotta venne rinnovata alle medesime condizioni della precedente, ma per un periodo di tre anni di ferma e due di rispetto; l'elevata considerazione di cui ormai egli godeva presso la Repubblica ricevette infine una degna conferma nel maggio dell'anno successivo, quando a Venezia venne celebrato un vero e proprio trionfo in suo onore.
L'ingresso del condottiero in città fu celebrato da una fastosa ed opulenta cerimonia, per la quale venne impiegato perfino il Bucintoro, la nave da parata utilizzata per le cerimonie pubbliche di maggior importanza. Giunto infine in San Marco, egli ricevette solennemente il bastone del comando dalle mani dal doge Pasquale Malipiero. La profonda amicizia che legava la Serenissima al suo comandante, pur attraversando momenti di lieve incertezza, rimase salda ed incrollabile sino alla morte del Colleoni, il quale nel 1460 ne diede la miglior prova possibile.
Colpito da un male che fece grandemente temere per la sua vita, egli dispose nel suo testamento che una consistente parte della sue ricchezze andasse a Venezia; ed anche se il bergamasco in seguito si rimise completamente, è impossibile dubitare del fatto che la Repubblica fosse sinceramente commossa per il gesto del suo condottiero, che ancora una volta le dimostrava la sua intensa dedizione.

IRREQUIETI TEMPI DI PACE

Se il rapporto con la Serenissima era roseo ed ormai improntato alla più assoluta fiducia e cordialità, altrettanto non poteva dirsi delle relazioni del Colleoni con lo Sforza, mantenutesi assai aspre e diffidenti: chiara dimostrazione ne fu la grande mostra di truppe effettuata da Bartolomeo presso Leno nell'ottobre del 1558. Il cospicuo movimento di soldati generò forti sospetti nel duca di Milano, che domandò rapidamente a Venezia il motivo di tali operazioni. Lo Sforza fu subito rassicurato sul fatto che il Colleoni aveva organizzato la mostra solo per onorare la Repubblica e che non aveva propositi bellicosi; ma non sarà irragionevole ritenere che il bergamasco avesse anche la maliziosa intenzione di stuzzicare il vecchio rivale e di dargli qualche grattacapo.
Dopo questo episodio il Colleoni probabilmente si ritirò a Malpaga, che divenne ben presto la sua residenza favorita e dove non di rado ospitava la sua famiglia, comprese le sue figlie

naturali. Tra queste ultime, il condottiero ebbe sempre particolarmente a cuore Medea, di cui parleremo anche più avanti. Ella fu con ogni probabilità la quarta delle otto figlie del bergamasco e dovette nascere nella prima metà degli anni cinquanta del quattrocento.

La nuova e più pacifica linea politica di Venezia dovette tuttavia risultare indigesta al Colleoni, il quale, disperando ormai della possibilità di generare un erede maschio, mirava forse a conquistarsi un posto nelle storia attraverso il compimento di ardite e gloriose imprese.

Nel maggio del 1460 la Repubblica confermò la condotta del suo comandante generale per i due anni di rispetto e gli concesse la giurisdizione su Calcinate Mornico e Ghisalba; eppure l'animo del bergamasco era turbato e irrequieto, bramoso di compiere le grandi gesta che avrebbero reso immortale l'inclito suo nome. Occasioni, ne avrebbe avute: dopo la stipula della pace di Lodi, Alfonso d'Aragona aveva attaccato Genova, che si era rivolta al re di Francia, Carlo VII, per avere protezione. Ben presto si diffuse la notizia che il sovrano aveva intenzione di chiedere al Colleoni di combattere per lui; e tale proposito avrebbe coltivato anche il figlio di Carlo, Luigi XI, succeduto al padre nel 1461. Né questa era la sola opportunità che si presentò in quell'anno al condottiero: Papa Pio II, infatti, che già gli aveva chiesto di combattere sotto le insegne pontificie contro Sigismondo Malatesta, scomunicato nel dicembre del 1460, replicava proprio allora la sua offerta. Proposte allettanti, insomma, non mancavano certo nei primi mesi del 1462, proprio quando la condotta del bergamasco era in scadenza; e a spingere all'azione il Colleoni dovette anche contribuire il propagarsi della notizia sulla morte dello Sforza, poi rivelatasi fasulla.

Bartolomeo, in effetti, fu tentato: un suo uomo comunicò al senato veneziano che il condottiero avrebbe desiderato, allo spirare del contratto, prendere licenza dagli stipendi della Repubblica. La risposta, tanto immediata quanto lapidaria, fu tuttavia negativa. Venezia

non voleva assolutamente privarsi del suo capitano generale, e lo invitava sollecitamente ad avviare le trattative per la stipula di un nuovo contratto.

Il bergamasco fu forse impressionato dal constatare, una volta di più, quanto la Repubblica tenesse a lui; sta di fatto che egli infine si fece convincere, e nell'aprile del 1462 accettò una nuova condotta, che prevedeva due anni di ferma e uno di rispetto. Nel documento, inoltre, veniva specificato che il Colleoni otteneva alcune concessioni, quale una maggior libertà di disporre per testamento dei suoi beni. Ma se le angustie che tormentavano il suo spirito erano momentaneamente placate, esse non erano tuttavia affatto dome, e nei successivi due anni non gli diedero tregua. Una buona occasione parve presentarsi nel 1463, dopo che con grande fatica Pio II riuscì a promuovere un accordo tra Venezia, Borgogna e Ungheria per l'organizzazione di una crociata contro gli ottomani.

Nel dicembre di quell'anno, tanto acuto era ormai il desiderio di azione di Bartolomeo, tanto intensa la sua aspirazione a combattere in memorabili fatti d'arme, che egli si propose come comandante per l'esercito alleato; ma il senato veneziano aveva in serbo per lui altri programmi.

Forse temendo qualche novità da parte dello Sforza, la Repubblica giudicò necessario non privarsi del Colleoni sul suolo italiano; generale dell'esercito crociato sarebbe stato Sigismondo Malatesta, che da poco aveva perduto la guerra contro il Pontefice. Rassegnato alla momentanea inattività, il bergamasco impiegò proficuamente il suo tempo, dedicandosi allo sviluppo della sua corte di Malpaga; egli chiamò a sé uomini di cultura, intellettuali ed artisti, intrattenendosi con loro e dedicandosi a passatempi quali la caccia.

Il quadro politico italiano, nel frattempo, andava rapidamente mutando: nel dicembre del 1463 lo Sforza concluse un'alleanza con Luigi XI, il quale concesse in feudo al duca di Milano le città di Genova e Savona; Venezia non protestò, ma vi è motivo di credere che non sia stata lieta della cosa. Nell'agosto dell'anno successivo, inoltre, i decessi di Cosimo de' Medici e di Pio II complicarono notevolmente il delicato equilibrio che era andato formandosi dopo la pace di Lodi. La morte di Cosimo, in particolare, generò una serie di eventi che in breve tempo ebbero gravi effetti: basti per ora sapere che il fatto determinò un rafforzamento dei nemici dei Medici, che presero a coltivare propositi di congiura.

Non erano questi, ad ogni modo, i fatti che nell'estate del 1464 impensierirono il Colleoni: in quel periodo si diffuse infatti la diceria che lo Sforza volesse riconquistare Bergamo, e che tra coloro che erano pronti ad aiutare il duca, oltre ad alcuni sostenitori in città, vi fosse anche Bartolomeo! La notizia venne comunicata a Venezia da alcuni membri della famiglia Rota; ma quando il condottiero venne a sapere delle menzogne che andavano girando sul suo conto, domandò immediatamente alla Repubblica di provvedere a rendergli giustizia.

I delatori vennero rapidamente convocati a Venezia per rispondere delle loro illazioni, mentre la città di Bergamo, parimenti offesa, inviava degli oratori per levare ogni dubbio sulla sua condotta. Il processo, con qualche scontento del Colleoni, non fu dei più rapidi; nel settembre tuttavia esso si concluse con la condanna di due dei tre accusatori al confino presso Creta, mentre il terzo venne assolto. Nelle stesso periodo, peraltro, la condotta del capitano generale andava avvicinandosi alla scadenza; e se fin dal settembre del 1464 la Serenissima aveva esplicitato la sua volontà di rinnovare nuovamente il contratto del bergamasco, quest'ultimo sollevava ancora molte obiezioni, dichiarando di essere deciso a prendere congedo.

Le trattative furono lunghe più del solito, e solo nel maggio del 1465 le due parti si accordarono sul nuovo contratto per un anno di ferma e uno di rispetto. Il Colleoni vi otteneva altre concessioni, quali un aumento degli stipendi e la libera proprietà di alcune terre che gli erano state date con vincolo feudale (sebbene non si possa parlare di una vera e propria signoria colleonesca su di esse). Ciò che più conta, tuttavia, è che egli riuscì a far approvare una clausola secondo la quale il suo impegno con la Repubblica sarebbe durato solo fino alla morte dello Sforza; e questa condizione, che venne mantenuta segreta, fu invero un chiaro indicatore di quali fossero i segreti propositi che il condottiero andava rimuginando nell'animo suo.

Per il momento il bergamasco parve comunque contentarsi del contratto assai favorevole che aveva ottenuto; tornò pertanto a Malpaga, dove verso la fine dell'estate ricevette con ogni onore la visita di Borso d'Este, marchese di Ferrara. L'incontro non fu dettato semplicemente dalla cortesia: a Borso si erano infatti rivolti, per riceverne consiglio, i nemici dei Medici, che a Firenze cospiravano per cacciare Piero, successore di Cosimo; e non vi è da dubitare del fatto che le vicende fiorentine siano state argomento di lunghe discussioni tra il marchese di Ferrara e il suo anfitrione. I rapporti con lo Sforza parvero in questo periodo farsi meno tesi: prova ne è il fatto che anche due figli del duca furono calorosamente ospitati a Malpaga da Bartolomeo. Sempre durante quell'estate, nel mese di luglio, morì a Napoli Jacopo Piccinino, arrestato a tradimento e fatto uccidere da Ferrante d'Aragona.

All'inizio del 1466 Venezia confermò la sua volontà di estendere il contratto del Colleoni anche per l'anno di rispetto previsto dalla condotta del 1465; ma un importante avvenimento stava ormai per irrompere nelle mai quiete vicende d'Italia.

NUOVI SCONVOLGIMENTI E VECCHI INTRIGHI

L'8 marzo del 1466 spirò a Milano Francesco Sforza, vecchio compagno ed avversario di Bartolomeo. Galeazzo Maria, primogenito del duca, si trovava allora in Francia per onorare l'alleanza stipulata dal padre con Luigi XI, ma appresa la novità, preoccupato di possibili aggressioni al ducato, fu lesto a far ritorno in patria. La duchessa Bianca Maria, nel frattempo, inviò alcuni ambasciatori a Venezia per riceverne rassicurazioni sulle intenzioni della Repubblica e su quelle del suo capitano generale.

Priva di fondamento pare essere la notizia che gli Sforza offersero al bergamasco la possibilità di farsi protettore dei loro territori; sembra anzi che egli abbia esercitato pressioni sul senato per riceverne il permesso di tentare l'occupazione del ducato. Ancora una volta, tuttavia, la Serenissima optò per una scelta

► **Bartolomeo in visita** alla tomba della figlia prediletta Medea, morta giovanissima e seppellita, insieme al suo amato passero che morì lo stesso giorno e venne imbalsamto per essere posto nel sacello posto nella abbazia della Basella vicino a Malpaga. Solo più tardi nel 1842 i resti di Meda furono traslati nel mausoleo di Bergamo Alta, accanto ai genitori.

Colleoni in visit to the grave of the beloved daughter Medea, who died young and buried in the abbey of Basella near Malpaga and later translated into the mausoleum of Bergamo Alta.

pacifica, anche in considerazione delle spese sostenute per finanziare gli scontri con gli ottomani. Senonché il Colleoni, forte della clausola prevista nelle condotta del 1465, si stava alacremente dando da fare per accumulare e organizzare truppe. Questi movimenti fecero nascere forti sospetti nel nuovo duca di Milano e in sua madre, che domandarono al re di Francia di farsi loro garante; ma mentre Venezia continuava ad assicurare che il suo fermo proposito era quello di conservare la pace, il Colleoni, deciso a non farsi sfuggire l'occasione, andava preparando la guerra. Il punto non era soltanto la morte di Francesco Sforza: venivano ora al pettine anche i nodi costituiti dalla delicata situazione di Firenze.

Nel settembre del 1466 Piero de' Medici riuscì a trionfare contro i suoi nemici, divisi al loro interno sui modi tramite i quali attuare la congiura; ma se gli avversari di Piero furono costretti a fuggire, non per questo essi rinunciarono alla lotta. Sempre aiutati da Borso d'Este, i fuoriusciti si sparsero per tutta Italia per cercare alleati alla loro causa; e fra gli altri essi interpellarono anche il Colleoni, che con il marchese di Ferrara già aveva discusso della situazione.

Per il bergamasco l'occasione non avrebbe potuto essere più propizia: in un sol colpo egli, supportato dagli esuli fiorentini, avrebbe potuto scalzare i Medici, fieri avversari di Venezia, e cogliere l'opportunità di muovere guerra al nuovo duca di Milano.

La Repubblica si dimostrò ben presto favorevole ai piani del suo comandante generale, pur non volendo scoprirsi apertamente: l'impegno di un conflitto sul suolo italiano sarebbe risultato troppo gravoso per Venezia, già impegnata con i turchi. Le due parti raggiunsero pertanto un accordo soddisfacente per entrambi: il Colleoni, spirata la sua condotta, avrebbe potuto prendere licenza, ma si impegnava per tre anni, più uno di rispetto, ad essere sempre pronto ad accorrere qualora la Repubblica ne avesse avuto necessità.

Poiché Venezia sarebbe stata in grave imbarazzo a giustificare un simile accomodamento con gli altri stati italiani, dato che esso concedeva di fatto a Bartolomeo il permesso di condurre la guerra pur mantenendosi legato alla Serenissima, la pratica venne mantenuta segreta. Dinanzi alle altre potenze italiane la Repubblica continuò ad assicurare di voler preservare la pace e di star facendo il possibile per convincere il suo capitano generale a mantenersi quieto; ma lo scacchiere andava ormai apparecchiandosi per la partita. Firenze, Milano e il Regno di Napoli, resisi ormai conto della gravità della situazione, stipularono un'alleanza difensiva; Papa Paolo II, che era veneziano, si accordò invece con la sua città e si mantenne neutrale, come fece anche Borso d'Este. Anche Venezia, infine, declinava l'invito ad aderire alla lega, dichiarando astutamente che, essendo sua ferma volontà quella di mantenere la pace, non vedeva alcuna ragione per acconsentire alla richiesta.

Il Colleoni, nel frattempo, si adoperava per favorire un'alleanza tra Venezia e la Savoia, ostacolato da Luigi XI. Sulla scena aveva nel frattempo fatto il suo ingresso anche Renato d'Angiò, offrendo sostegno alla Serenissima fin dalla morte di Francesco Sforza.

Nel marzo del 1467 un suo incaricato si recò a Venezia, domandando il benestare della Repubblica per assumere il Colleoni al servizio dell'Angiò; quest'ultimo concesse inoltre al condottiero di portare il suo nome e le armi della casata angioina. Tutto era ormai pronto per lo scoppio della guerra, che non si sarebbe fatto attendere a lungo.

LA GUERRA DI ROMAGNA

Il bergamasco avrebbe peraltro voluto dirigersi oltre l'Adda per combattere in Lombardia, ma Venezia non vide di buon occhio che la guerra si svolgesse così vicino; il Colleoni si vide pertanto costretto a dirigersi oltre il Po, cosa che dovette fare controvoglia nel maggio del 1467. Nel frattempo Federico da Montefeltro, capitano generale dell'alleanza tra Firenze, Napoli e Milano, si diresse verso Faenza e poi verso Imola, per accamparsi infine presso il Senio. Poco dopo giunse in zona anche il Colleoni, che pose l'assedio e prese in breve tempo i castelli di Bubano, Bagnara e Mordano. Dopo questi fatti egli si fermò tra Barbiano e Cotignola, mentre le truppe di Federico si riunivano a quelle milanesi, fiorentine e napoletane presso San Prospero; l'esercito della lega contava in quel momento circa 7.000 cavalli e 3.500 fanti, mentre il bergamasco aveva ai suoi ordini circa 7.000 cavalli e 6.000 fanti.

Il Colleoni si diresse in seguito verso Castrocaro, ma il Montefeltro reagì riprendendo Bubano; in attesa di ricevere gli aiuti promessi da Venezia, il bergamasco stabilì infine il suo campo a Faenza, dove nel giugno venne raggiunto dai rinforzi. I due eserciti sembravano peraltro assai restii a venire alle armi, anche perché il Colleoni era infine riuscito a convincere Venezia a portar la guerra oltre l'Adda; il Papa, nel frattempo, premeva affinché si raggiungesse un accordo di pace, mentre la Repubblica sembrava peraltro già accusare segni di stanchezza per il conflitto appena cominciato.

Nel luglio Federico tentò di riprendere Mordano, ma Bartolomeo si riportò rapidamente presso Solarolo, situato a breve distanza dall'avversario; gli abitanti di Bubano, nel frattempo, si ribellavano al presidio lasciato dalla lega e si riconsegnavano al Colleoni. I nemici del bergamasco, intimoriti, tornarono verso Imola; ma tra il Montefeltro e Galeazzo Maria Sforza si verificarono alcuni contrasti che determinarono il momentaneo allontanamento del duca di Milano dall'esercito della lega. Verso la fine di luglio il Colleoni mosse infine in direzione della Lombardia, incamminandosi verso Parma; una parte del suo esercito, affidata al condottiero Alessandro Sforza, venne tuttavia raggiunta da Federico presso il fiume Idice, a breve distanza dalla Riccardina. Nella scontro che seguì, l'avanguardia dello Sforza si trovò ben presto in difficoltà contro il più numeroso esercito della lega; ma il Colleoni, lontano pochi chilometri, accorse velocemente in soccorso dell'alleato.

La battaglia della Riccardina, o della Molinella, è nota per essere stata assai sanguinosa e per aver visto l'impiego dell'artiglieria leggera da parte di entrambi gli eserciti. Bartolomeo, anzi, fu un maestro nell'utilizzo di quel tipo di armi; e alla Riccardina pare infatti che le sue artiglierie fossero installate sopra dei supporti mobili, cosa che per l'epoca era sicuramente innovativa. I capitani dei due eserciti non si risparmiarono durante la lotta, che li vide compiere atti di coraggio veramente notevoli. La battaglia peraltro non terminò con il tramonto del sole: pare che il combattimento, per un certo tempo, sia proseguito anche al buio, per interrompersi infine di comune accordo fra i belligeranti.

L'esito dello scontro è tutt'oggi assai dibattuto; entrambe le parti ebbero i loro apologeti, ed anche il numero di caduti e feriti rimane incerto.

Se pure il Colleoni non perdette la battaglia della Riccardina, la guerra volgeva ormai al termine: nell'agosto venne concordata tra i contendenti una tregua di otto giorni, che molti speravano fosse il preludio di un prossimo trattato di pace. L'ambiguo comportamento di Venezia indispose tuttavia i suoi avversari: pur desiderando la fine delle ostilità, infatti, essa non poteva dichiarare apertamente la cosa per non offenderne il Colleoni, che è da credere fosse ben lungi dal voler terminare la guerra. Il capitano generale giaceva peraltro ammalato alla Molinella, dove si era diretto dopo lo scontro della Riccardina. Anche Borso d'Este e il Papa si prodigavano per raggiungere la pace, ma il nuovo re di Napoli, Ferdinando I (succeduto ad Alfonso d'Aragona nel 1458), e Firenze diffidavano del Colleoni e della posizione della Repubblica, non ancora ben chiara. Nel settembre il bergamasco, ormai guarito, spostò il suo esercito verso Ravenna, stabilendosi tra Russi e Villafranca; qualche tempo prima Galeazzo Maria, richiamato da alcuni problemi, aveva fatto ritorno al suo ducato. Nel novembre il Colleoni conquistò Dovadola e Modigliana, a sud di Faenza, e nel mese successivo aggredì e poi si accampò presso Castrocaro. Le trattative di pace, nel frattempo, proseguivano a rilento; per favorire la composizione delle ostilità il Pontefice propose addirittura di affidare a Bartolomeo il comando di un esercito da inviare contro gli ottomani, con uno stipendio di settantamila ducati all'anno e il rimborso delle spese sostenute per la guerra sino a quel momento. Il Colleoni declinò l'offerta: egli pretendeva un rimborso pari a trecentomila ducati e centomila di retribuzione annuale.

Ormai esasperata dalla situazione, Venezia concesse al Papa i pieni poteri pur di raggiungere un accordo con la lega. Nel febbraio del 1468 Paolo II fece esporre a Roma i capitoli del trattato di pace, concedendo alle parti in guerra un mese di tempo per aderirvi; esso prevedeva la restituzione da parte del Colleoni delle terre occupate, ma il bergamasco sarebbe stato in cambio nominato capitano di un esercito crociato con lo stipendio di centomila ducati annuali che desiderava. Solo Venezia, peraltro, sembrava decisa ad accettare tali condizioni: il duca di Milano, Firenze e il re di Napoli non volevano sborsare un soldo per il Colleoni, che tanti problemi aveva loro causato, e opposero alla proposta un netto rifiuto.

Fu la Serenissima, nel mese di aprile, a mettere fine alla questione: definitivamente persuasa a rinunciare alle sue tardive velleità di conquista, essa fece comunicare al Papa che concludesse la pace senza fare alcuna concessione al proprio capitano generale, al quale avrebbe eventualmente provveduto lei stessa. Il trattato venne infine stipulato nel maggio del 1468; le sue clausole prevedevano la restituzione dei territori conquistati e il ritorno alla situazione prevista dalla pace di Lodi. Se vi è da credere che tutti i contendenti, ormai esausti per l'intenso anno di guerra appena terminato, accogliessero con un certo sollievo la stipula dell'accordo, va parimenti riconosciuto che esso non rese giustizia alle gesta ardite del Colleoni. Come non rimanere impressionati constatando che il capitano, più che settantenne, riuscì a tener testa, e spesso a vincere, una lega formata da tre dei più potenti stati della penisola? Pur non riuscendo a compiere l'impresa che tanto audacemente aveva cominciato, egli fu per un anno protagonista assoluto delle vicende italiane; perfino l'imperatore, Federico III d'Asburgo, nell'ottobre del 1467 dovette chiedergli un salvacondotto per passare dalla Romagna e raggiungere Roma. Non vi è da dubitare che il bergamasco fu grandemente deluso dal fallimento del suo progetto; ma deciso a reagire immediatamente all'avversa fortuna, prese subito contatto con il senato veneziano per cercare un accordo su una nuova condotta.

Poiché il Colleoni chiedeva uno stipendio più elevato di quanto la Repubblica potesse permettersi, le trattative si protrassero per alcune settimane, durante le quali riaffiorò

UNA DEGNA RISPOSTA

Riguardo al ritorno del Colleoni sotto le insegne di Venezia, ci viene tramandato un curioso e divertente episodio che accadde in quel di Romano, probabilmente quando il bergamasco non aveva ancora firmato per la Repubblica ma le voci sulle trattative si erano ormai diffuse. Pare dunque che Cicco Simonetta, consigliere e segretario di Francesco Sforza, si sia recato a Romano per tentare nuovamente di persuadere il Colleoni a non abbandonare le truppe sforzesche. Dinanzi al fermo rifiuto del condottiero, il Simonetta lo apostrofò dicendo *"Sai tu ciò che ne potrà dire lo Sforza? Che tu sei un uomo assai valente, ma ti lasci vincere facilmente dalle migliaia di ducati"*. Al che il Colleoni rispose *"E tu allora potrai rispondergli in mia vece che egli, con maggior onta e vergogna, non da migliaia, ma da un solo Ducato si è lasciato vincere"*, facendo riferimento al modo non certo onorevole con cui lo Sforza, condottiero al soldo della Repubblica Ambrosiana, aveva tradito coloro che avrebbe dovuto proteggere, conquistando infine il ducato di Milano.

nuovamente la possibilità, poi sfumata, di inviare il vecchio condottiero a combattere i turchi. Il contratto, che prevedeva un anno di ferma e uno di rispetto, venne infine stipulato al termine di giugno: al capitano generale, che si impegnava a rendere i castelli conquistati durante la guerra, veniva assegnata una retribuzione annua di settantamila fiorini. Così andavano infine infrangendosi i sogni di gloria di Bartolomeo Colleoni; e i suoi propositi, generati da quell'anelito che spinge chi lo possiede a ricercare incessantemente la grandezza, avrebbero forse meritato un destino migliore.

TRA NUOVI NEMICI E CONTINUE AMAREZZE

Nel corso della guerra il Colleoni si era fatto molti nemici, ma il più accanito tra loro fu senza dubbio il nuovo signore di Milano, Galeazzo Maria Sforza. Il suo astio nei confronti dello scomodo vicino è presto spiegato: oltre al rancore per il conflitto appena concluso, egli guardava con sospetto Bartolomeo probabilmente perché temeva che quest'ultimo non avesse abbandonato l'idea di attaccare e di impadronirsi del suo ducato. Sappiamo bene, in effetti, quanto il bergamasco avesse coltivato questo proposito durante la guerra di Romagna!

Ma egli non riuscì, come avrebbe voluto, a spostare il campo d'azione in Lombardia. L'avversione di Galeazzo Maria era peraltro largamente ricambiata dal Colleoni, che dal 1468 si trovò sempre più sorvegliato da un gran numero di spie al servizio dello Sforza.

La situazione si fece sempre più tesa, costantemente inasprita delle azioni di disturbo che i due vicini si scambiavano continuamente. Nei primi mesi del 1469 il Colleoni fece fermare alcuni mercanti provenienti da Milano che erano di passaggio sui suoi territori; lo Sforza reagì facendo arrestare tre soldati del capitano, che furono liberati solo dopo l'intervento di Venezia. Nella primavera dello stesso anno giunse alla Repubblica una richiesta di aiuto da parte degli Angiò: la famiglia pregava la Serenissima di offrirle il suo supporto nella riconquista del Regno di Napoli, e in particolare di permettere a Renato d'Angiò e a suo

figlio Giovanni di usufruire dei servizi del Colleoni. Oltre al bergamasco, alla Repubblica e agli Angiò, anche il Papa prese parte alle trattative, che si dilungarono fino all'estate.
Nel luglio, intanto, giunse a Bartolomeo la formale conferma dei privilegi che gli angioini gli avevano precedentemente concesso e di cui abbiamo già parlato, ovvero la possibilità di usufruire del nome e dello stemma della casata francese. Nell'agosto del 1469 il duca di Milano venne a turbare ulteriormente la non facile situazione: dopo aver corrotto alcuni uomini del Colleoni, egli fece bruciare le stalle di Malpaga nel tentativo di prendere il castello e rapire il capitano, che tuttavia riuscì a scampare all'attacco. Venezia reagì aumentando le misure di sicurezza a protezione del suo comandante generale, la condotta del quale era peraltro in scadenza nella successiva primavera. A partire dalla fine del 1469 la Repubblica cominciò le trattative per l'ennesimo rinnovo della condotta del Colleoni; quest'ultimo fece inizialmente le solite difficoltà, affermando che si era impegnato ad entrare in servizio presso Giovanni d'Angiò per la riconquista del Regno di Napoli. Nel gennaio del 1470, saputo che l'Angiò aveva infine deciso di non scendere in Italia, Venezia tornò alla carica, ma un grave avvenimento causò una momentanea interruzione delle discussioni. Verso la fine del mese di febbraio Medea, figlia prediletta del capitano, cadde preda di una grave malattia, che la condusse a morte il successivo 6 marzo. Il Colleoni ne ebbe un immenso dolore; fece seppellire le povere spoglie di Medea al santuario della Basella, luogo per il quale egli aveva sempre provato una speciale affezione, e commissionò ad un artista lombardo, Giovanni Antonio Amadeo, la costruzione della tomba della fanciulla. Nella sua tristezza pare che il condottiero abbia ordinato di far imbalsamare il passero della figlia e di farlo poi deporre nella bara, eterno compagno di un sonno senza risveglio. L'abbattimento del capitano risulta evidente se si prendono in considerazione le richieste che egli fece alla Serenissima quando ripresero le trattative per la sua condotta. Bartolomeo dichiarò di essere disposto a continuare il suo servizio se Venezia si fosse impegnata a combattere insieme al Papa e a Giovanni d'Angiò; in caso contrario chiedeva licenza, o almeno il permesso di ritirarsi a vita privata.
La controparte pareva tuttavia irrevocabilmente decisa a perseguire una politica di pace e ad evitare qualsiasi occasione di scontro. Per sanare i

◄ Musicanti di metà quattrocento per una festa al castello.
Musicians of XV century for a party at the castle.

► **Affresco coevo** che mostra una scena fra dame e cavalieri, sempre del ciclo degli affreschi di Malpaga, ma non opera del Romanino e neppure del Fogolino in quanto assai precedenti.
Contemporary fresco depicting a scene between knights and ladies, from the cycle of frescoes of Malpaga.

contrasti tra il Colleoni e la Repubblica, quest'ultima invitò il capitano a recarsi in città nel successivo maggio. La visita di Bartolomeo a Venezia fu accolta da grandi celebrazioni e al capitano fu perfino concesso di venir iscritto nella nobiltà veneziana. Lo stato d'animo del bergamasco rimaneva tuttavia assai amareggiato: non quelli erano gli onori che da troppi anni bramava, bensì quelli derivanti dal legare la sua esistenza a gesta grandiose e intramontabili, che avrebbero consegnato il suo nome non a un caduco elenco di nobili, ma all'immortalità della storia. Più rassegnato che convinto, egli infine cedette; nel giugno venne stipulata tra le parti una nuova condotta, di durata annuale, del tutto simile a quella appena spirata.

Nel corso del 1470 la situazione in Italia non divenne più favorevole alla ripresa dei conflitti a causa della pressione esercitata dagli ottomani a oriente. Nel mese di luglio essi presero a Venezia l'isola di Negroponte; il fatto suscitò grande scalpore in Europa, e spinse il Pontefice a promuovere la costituzione di una lega degli stati italiani, che fu peraltro piuttosto parca di risultati.

Nei primi mesi del 1471 passò a miglior vita anche la moglie del Colleoni, Tisbe Martinengo; nel frattempo la condotta del capitano si approssimava alla scadenza, e nel marzo la Repubblica inviò un funzionario per trattare del suo rinnovo. Questa volta Bartolomeo non domandò a Venezia l'impegno a partecipare ad una guerra o in alternativa il permesso di prendere congedo, ma ciò non gli impedì di porre alcune condizioni prima di accettare di proseguire il suo servizio: in particolare il condottiero domandava alla Serenissima di pagargli finalmente tutti gli stipendi arretrati e i debiti che essa aveva contratto nei suoi confronti.

Solo nel mese di maggio le parti riuscirono infine a trovare un accordo; ma il nuovo contratto, che concedeva al bergamasco la soddisfazione di alcuni crediti e la concessione del diritto di far liberare due malviventi, giunse in un momento assai particolare. A fine aprile

▲ **Bartolomeo Colleoni.** Rilievo dell'affresco esistente a Martinengo (BG) nel ex monastero di Santa Chiara.
Bartolomeo Colleoni. Relief fresco in Martinengo (BG) in the ex monastery of Santa Chiara.

Carlo il Temerario, duca di Borgogna, aveva infatti richiesto alla Repubblica il permesso di assumere il Colleoni per la guerra che stava combattendo contro Luigi XI di Francia.

È facile intuire come tale possibilità dovesse allettare non poco l'animo del condottiero, sempre in cerca di occasioni utili per accrescere la propria fama! Il senato veneziano, tuttavia, oppose un garbato rifiuto alla richiesta del Temerario. L'invio oltralpe del proprio capitano generale sarebbe stata in effetti una mossa azzardata: oltre al pericolo derivante dal lasciare sguarnito il confine con il ducato di Milano, vi era anche il rischio di contrariare il re di Francia, già più vicino allo Sforza che non alla Serenissima. Nonostante l'opposizione del senato Bartolomeo non cessò di condurre trattative segrete con il duca di Borgogna; il negoziato si protrasse per più di un anno, e più avanti avremo modo di tornare sui suoi sviluppi. Anche i rapporti tra il duca di Milano e il Colleoni rimanevano nel frattempo molto tesi, e i due non si risparmiavano offese e ripicche. La situazione ebbe un'improvvisa svolta nel mese di agosto, quando lo Sforza lanciò al capitano una vera e propria sfida. Essa si sarebbe svolta in questo modo: i due contendenti si sarebbero scontrati forti di ottocento o mille uomini; se il duca avesse vinto avrebbe ricevuto dal perdente centomila ducati, mentre in caso contrario egli avrebbe ceduto una città al suo avversario. Il Colleoni non esitò: impavido come sempre aveva dimostrato di essere in vita sua, egli, più che settantenne, accettò le condizioni proposte dal rivale. Lo scontro avrebbe dovuto aver luogo alla scadenza del contratto che legava il condottiero a Venezia o, se quest'ultima avesse dato il suo consenso, anche prima di quella data. La Repubblica tuttavia era ben lungi dall'accettare passivamente lo svolgimento della sfida; nel dicembre del 1471 il senato faceva pertanto richiesta al Colleoni di concedergli il permesso di sistemare la situazione con lo Sforza, assicurandolo che avrebbe avuto ogni riguardo per la tutela del suo onore. Anche il Papa si mosse per cercare di evitare lo scontro, intervenendo presso entrambi i contendenti e minacciando di fulminare la scomunica.

La spavalderia e la sicumera dello Sforza andavano nel frattempo sgretolandosi. Egli dovette forse considerare, come gli fece notare il Pontefice, che non avrebbe ricavato alcun onore in caso di vittoria, data l'età dell'avversario; onore che del resto, in caso di sconfitta, sarebbe stato irrimediabilmente compromesso. Per favorire la composizione delle ostilità intervenne addirittura il re di Napoli; ma se il duca di Milano infine cedette, rimettendo al Papa il compito di trovare un accomodamento, il Colleoni pareva del tutto risoluto ad affrontare il rivale. Egli dichiarò infatti che la sfida non era partita da lui e che era in gioco il suo onore, per difendere il quale avrebbe accettato perfino di essere scomunicato.

Alla fine persino il bergamasco dovette capitolare: la situazione venne pacificamente risolta e la sfida non ebbe luogo.

GLI ULTIMI ANNI DEL CONDOTTIERO

Se il 1472 non si aprì nel migliore dei modi, la sua prosecuzione fu forse peggiore.
Nel mese di febbraio il bergamasco fece arrestare per sospetto di tradimento un suo uomo, che pur di essere liberato rivelò al condottiero che Ambrogio Vismara, funzionario al servizio di Bartolomeo dal 1462, era in realtà una spia al soldo del duca di Milano.
L'ira del Colleoni fu terribile; pur consapevole di essere al centro di una fitta rete di intrighi, non immaginava certo di avere spie sforzesche tanto vicine alla sua persona.
Egli fece immediatamente arrestare e imprigionare Ambrogio e suo figlio Francesco.
Dopo essere stato torturato il Vismara confessò ogni cosa: il suo tradimento durava addirittura da quando Francesco Sforza era ancora in vita, e ultimamente egli stava complottando con il nuovo duca di Milano per organizzare un agguato e un avvelenamento contro il Colleoni. Galeazzo Maria, a onor del vero, fece il possibile per tentare di salvare i due sventurati dal destino che li attendeva; ma l'ambasciatore che egli inviò presso la corte colleonesca non riuscì a placare la legittima collera di Bartolomeo.
Il processo decretò rapidamente la colpevolezza degli imputati, che ben poco poterono fare oltre a dichiarare la loro innocenza. Francesco Vismara fu impiccato a Martinengo, mentre suo padre Ambrogio fu condannato ad essere squartato; i suoi pezzi furono inoltre pubblicamente esposti sulla rocca di Malpaga e di Romano, sulla strada per Crema e su quella principale.
Nel frattempo il senato di Venezia, sempre desideroso di mantenere la pace in Italia, si diede da fare per cercare di riportare alla calma il suo capitano generale, che minacciava violente rappresaglie verso lo Sforza; inoltre il contratto del Colleoni era ormai in scadenza ed era necessario avviare le trattative per la stipula di una nuova condotta.
A fine maggio il condottiero, probabilmente con qualche rammarico, decise infine di lasciar perdere i suoi propositi di rivalsa; le discussioni per il rinnovo del contratto si trascinarono invece per alcuni mesi. Bartolomeo, al solito, avanzava alcune pretese che la Repubblica non voleva o non poteva soddisfare: tra le varie richieste che egli formulò vi erano il pagamento dei suoi crediti, la garanzia di entrare in una guerra e un aumento del proprio stipendio.
Solo nel mese di agosto le parti raggiunsero infine un accordo per la definizione del nuovo contratto, che peraltro non differiva granché da quello appena scaduto: lo stipendio del capitano sarebbe stato di settantamila fiorini annuali e Venezia si impegnava a saldare i suoi debiti entro il termine della condotta. Entrambi i contraenti dovettero essere consapevoli che quest'ultima condizione non si sarebbe poi verificata; per quale motivo, dunque, il Colleoni piegò il capo dinanzi a un siffatto accordo, rinunciando di fatto alle sue richieste?
Il fatto è che in quei mesi il capitano dovette riflettere seriamente su ciò che intendeva lasciare ai posteri dopo la sua scomparsa, che forse sentiva non troppo lontana. Già nel mese di aprile, ormai rassegnato a non avere discendenti maschi diretti, egli aveva concesso ad alcuni suoi nipoti, figli di Ursina Colleoni e di Gerardo Martinengo, il diritto di portare il suo nome; e che il bergamasco avesse intenzione di fare di loro i propri eredi risultò chiaro nel mese di agosto, quando egli fece annullare il testamento che aveva dettato nel 1467.
Nel 1472, inoltre, ebbero probabilmente inizio i lavori per l'edificazione della Cappella Colleoni a Bergamo, anche se la data è incerta e alcuni propendono per il 1470. Bartolomeo, insomma, andava organizzando ogni cosa in vista del suo trapasso; fallito il tentativo di coprirsi di gloria partecipando ad un'epica impresa, egli cercava altre vie che permettessero al suo ricordo di scampare all'oblio generato dal depositarsi della polvere dei secoli.
Il destino, tuttavia, aveva in serbo per lui un'ultima illusione; ed essa, sebbene poi

amaramente svanita, sarebbe nondimeno riuscita ad infiammare l'animo del vecchio guerriero di quell'ardore giovanile che sempre l'aveva sostenuto durante la sua vita. Tra il gennaio e il febbraio del 1473 giunsero infatti a una conclusione le interminabili trattative con Carlo il Temerario, cominciate due anni prima; per cercare di affrettarle il duca aveva addirittura concesso al condottiero il diritto di portare il nome e le armi borgognone. In base agli accordi il Colleoni doveva essere nominato capitano del Temerario per tre anni, con uno stipendio annuale di centocinquantamila ducati e l'impegno di concedergli la signoria su alcuni territori, presumibilmente nel milanese; in caso Venezia avesse avuto bisogno di lui, il bergamasco era tuttavia autorizzato ad accorrere in aiuto della Repubblica. Nonostante quest'ultima clausola, la cosa non piacque affatto al senato veneziano, che vedeva con timore l'eventuale partenza del suo capitano per la Borgogna. Se tale possibilità si fosse verificata sarebbe infatti rimasto privo di protezione il confine con il ducato di Milano e la Serenissima avrebbe anche corso il rischio di vedersi additata come perturbatrice della pace in Italia.

Il senato inviò pertanto alcuni funzionari presso i due contraenti per cercare di persuaderli a far marcia indietro; ma se il Colleoni era ben lungi dall'idea di rinunciare e andava già organizzando i preparativi per la partenza, il Temerario parve condividere il punto di vista veneziano e riconsiderare le proprie decisioni. Questa volta fu Bartolomeo ad essere alterato per la ritrattazione del duca e l'intromissione della Repubblica: prima di tutto perché perdeva l'ennesima occasione per accrescere la propria fama, ma anche perché in questo modo faceva la figura del millantatore. La situazione tuttavia non mutò; il bergamasco continuò a fingere di essere in gran fermento per la prevista partenza dall'Italia, ma in realtà egli trascorreva placidamente i suoi giorni a Malpaga. Le dicerie che andavano infittendosi sul conto del condottiero, e che certamente ferivano il suo amor proprio, divennero infine intollerabili: il bergamasco veniva costantemente messo in burletta dai suoi nemici ed accusato di essere un fanfarone. Nel mese di ottobre, probabilmente su richiesta dello stesso Colleoni, il Temerario rinnovò a Venezia la richiesta di avere con sé il capitano, ma le trattative, che durarono alcuni mesi, non portarono alcun risultato. All'inizio del 1474 il duca aveva ormai ceduto: egli domandava solo che la Serenissima pagasse al

◄ **Lo squartamento** è una forma di esecuzione della pena di morte consistente nella divisione del corpo del condannato in più parti. In aggiunta spesso il cadavere squartato veniva esposto in uno o più luoghi pubblici come deterrente.

Dismemberment has been practised upon human beings as a form of capital punishment. Here a sample: The Martyrdom of St. Hippolytus by Dieric Bouts.

► Scena di torneo in onore al re di Danimarca Cristiano I. Affreschi di Malpaga.

Scene of the tournament in honor of the King of Denmark Christian I. Frescoes of Malpaga.

Colleoni anche lo stipendio per l'anno precedente, durante il quale la sua condotta con la Repubblica non era stata rinnovata a causa del suo impegno con il Temerario, e che si lasciasse credere ai nemici che Venezia rimaneva disponibile ad inviare il Colleoni oltralpe qualora il duca l'avesse richiesto.

Quest'ultima clausola doveva probabilmente servire ad impedire allo Sforza di inviare a Luigi XI i rinforzi che il re gli aveva richiesto. Nei primi mesi del 1474 il fato parve accanirsi contro Bartolomeo: oltre al definitivo tramontare delle residue speranze di poter tornare a combattere, lo Sforza concluse in quel periodo un accordo matrimoniale con i Savoia, con i quali da molto tempo il Colleoni coltivava buoni rapporti; sempre nel medesimo lasso di tempo, infine, egli scoprì e sventò l'ennesima congiura ai suoi danni ordita dal duca di Milano.

In seguito a questi infelici fatti le cose andarono tuttavia migliorando: dopo aver predisposto il rafforzamento delle difese di Romano e Martinengo, nel mese di marzo il condottiero si preparava a ricevere a Malpaga la visita del re di Danimarca, Cristiano I, e del suo numeroso seguito. Il monarca poté godere della squisita ospitalità del bergamasco, che organizzò in onore del regale ospite battute di caccia, banchetti e tornei. Di tale avvenimento resta memoria non solo nei resoconti, ma anche negli affreschi del salone di Malpaga, attribuiti al Romanino. L'esatta collocazione di questo grande evento, di cui il Colleoni fu indubbiamente assai onorato, rimane incerta. Se la data più probabile rimane quella del 12 e 13 marzo, altri propendono per il mese di maggio; altri ancora sostengono che entrambe le date siano corrette e che il re compì in realtà due visite a Malpaga, una sulla via per Roma e l'altra durante il ritorno in Danimarca. I negoziati tra il duca di Borgogna, Venezia e il Colleoni erano nel frattempo ben lungi dall'arrivare ad un punto d'intesa: dopo aver cercato di ottenere che condottiero fosse liberato da ogni impegno al termine dell'anno, il Temerario propose un'alleanza militare alla Serenissima, che quest'ultima respinse con

garbo ma con fermezza. Tante discussioni si ridussero infine ad una semplice questione: definire chi e come avrebbe pagato a Bartolomeo lo stipendio per l'anno durante il quale, a causa dell'impegno con il duca, non aveva rinnovato il suo contratto con Venezia.

Nel mese di agosto il Colleoni si ammalò seriamente, e le sue condizioni andarono continuamente peggiorando nelle settimane seguenti. Il fatto scatenò importanti movimenti attorno al capezzale del vecchio condottiero: ben presto si propagarono voci fasulle sulla sua morte, mentre una diceria diffuse la notizia che il duca di Milano tenesse pronte le sue armate per passare l'Adda non appena il bergamasco fosse spirato. A Venezia si discuteva su chi nominare capitano generale qualora Bartolomeo fosse deceduto e di come gestire i suoi possedimenti, le sue ricchezze e i suoi soldati.

Nel mese di novembre la sua salute andò migliorando, tanto che egli si riebbe infine dal malore che l'aveva precipitato a un passo dalla morte. Quest'ultima, in effetti, dovette attendere un altro anno per aver ragione della tempra straordinaria dell'indomito guerriero; ma la grave malattia aveva irreparabilmente debilitato il suo corpo ormai stremato dai travagli di una vita vissuta con incredibile intensità. E la morte attendeva, paziente, consapevole che presto anche Bartolomeo Colleoni avrebbe dovuto piegarsi al suo cospetto.

LA FINE

Il capitano non trascorse lietamente il suo ultimo anno di vita, durante il quale fu angustiato da problemi di salute e dovette combattere un'infruttuosa lotta con Venezia per farsi pagare gli stipendi arretrati. I rapporti con lo Sforza, invece, andarono lentamente migliorando.

Nel novembre del 1474 vi è traccia di uno scambio di doni tra i due uomini: Bartolomeo inviò alcuni volatili al duca, che ricambiò la gentilezza offrendo al suo vicino un mulo.

Nello stesso mese il duca di Milano fu anche il protagonista di un avvenimento importante per la situazione politica italiana, poiché strinse alleanze separate con Venezia e Firenze.

Se il Colleoni nutriva ancora qualche speranza di poter scendere in guerra contro lo Sforza, esse furono allora definitivamente affossate; e vi è da credere che l'animo del condottiero, alla notizia degli accordi, si sia ulteriormente incupito.

Tra il gennaio e il febbraio del 1475 il Colleoni giunse a Loreto, ove durante la sua malattia aveva fatto voto di compiere un pellegrinaggio; e ciò dimostra che fu veramente straordinaria la tempra del bergamasco, che quasi ottantenne e da poco rimessosi da un grave malore compì senza indugi un simile viaggio! Se tuttavia Bartolomeo aveva forse potuto dimenticare i suoi crucci mentre compiva quel pio cammino, essi

◀ Vista delle corti esterne del castello di Malpaga.

View of the outer courts of the castle of Malpaga.

▶ **Lo sfarzoso banchetto** offerto dal Colleoni al suo ospite il re di Danimarca. Affreschi di Malpaga.

The sumptuous banquet offered by Colleoni to his guest the King of Denmark. Frescoes of Malpaga.

tornarono ad opprimerlo non appena fece ritorno a Malpaga. La questione principale che dovette affrontare fu ancora una volta l'insolvenza della Repubblica nei suoi confronti.
Egli cercò in ogni modo di forzare la mano a Venezia per farsi consegnare il denaro che la città gli doveva: minacciò di congedare le sue milizie, o peggio di servirsene liberamente per tentare qualche personale impresa, il che avrebbe potuto turbare non poco l'ormai pacifica situazione in Italia; finse addirittura di star facendo tutti i preparativi per muovere le sue truppe alla volta della Romagna o della Toscana. Tutto inutile: prima di impegnarsi a sborsare il denaro per gli stipendi degli ultimi due anni la Repubblica pretendeva che il Colleoni stipulasse una nuova condotta; l'esatto contrario esigeva invece il bergamasco, avendo ormai compreso che la controparte cercava di ritardare il momento del saldo aspettando pazientemente il momento della sua morte.
Alcuni credono peraltro che le manovre militari del Colleoni fossero compiute in accordo con Venezia, la quale avrebbe mirato in questo modo ad intimorire il re di Napoli, che non aveva voluto aderire alla lega costituitasi nel novembre dell'anno precedente.
Nel mese di maggio Bartolomeo, rimessosi da un breve periodo di malattia, giocò l'ultima carta che gli restava per cercare di costringere la Repubblica a versare le sue spettanze: per ben due volte egli inviò al doge alcuni suoi uomini per riconsegnare il bastone del comando, simbolo del potere che la Serenissima gli aveva affidato tanti anni prima, onorandolo con una sontuosa cerimonia. Nemmeno questo stratagemma ebbe peraltro successo, e in entrambe le occasioni il doge rifiutò le dimissioni del bergamasco. Il Colleoni si risolse infine a congedare le proprie truppe, ma anche allora intervenne la Repubblica.
Temendo di avere dei soldati sbandati a piede libero sui suoi territori, essa li rimandò a Malpaga ma si convinse della necessità di raggiungere al più presto un accordo con il proprio capitano generale.
Il Colleoni, ormai stanco e rattristato, non riuscì a fronteggiare le nuove insistenze di Venezia con l'antica e abituale energia: nel settembre del 1475 egli accettò di sottoscrivere un nuovo contratto, firmato nel mese successivo, non senza essere riuscito ad ottenere in feudo Cividate e San Nazzaro. A metà ottobre il bergamasco cadde malato per l'ennesima volta. Le sue condizioni peggiorarono rapidamente, tanto che egli il giorno 27 fece nuovamente

testamento, forse presagendo la fine ormai prossima. Gli ultimi giorni di vita del condottiero furono costantemente sorvegliati dalle spie dei nemici, quali il duca di Milano, ma anche dagli emissari di Venezia, che si teneva pronta ad agire.

Le preoccupazioni della Repubblica, come era avvenuto l'anno precedente, erano sostanzialmente dovute alla necessità di assicurarsi il controllo dei soldati, delle ricchezze e delle terre del Colleoni, qualora il capitano fosse mancato. Il 31 ottobre quest'ultimo fece aggiungere al suo testamento un ulteriore codicillo; egli si opponeva orgogliosamente alla fine ormai prossima, combattendola con tutte le forze che gli restavano.

Due giorni dopo, tuttavia, la morte sopraggiunse: Bartolomeo Colleoni ricevette il suo tocco a Malpaga, fra le lacrime e il rimpianto di amici e parenti, il 2 novembre del 1475.

Non ci è dato sapere se il condottiero sia infine riuscito a mitigare le sue delusioni; ma a noi piace pensare che il suo animo, negli ultimi istanti, fosse ormai quieto e purgato da ogni turbamento. Nei giorni successivi il suo corpo fu trasportato a Bergamo, ma la solenne cerimonia funebre dovette attendere ancora due mesi: solo il successivo 4 gennaio, completata dall'Amadeo l'arca destinata a custodire le spoglie del condottiero, essa avrebbe infine avuto luogo.

Nel testamento redatto pochi giorni prima della morte il Colleoni divise i suoi possedimenti tra le famiglie della figlie legittime, Caterina, Isotta e Ursina (defunta prima del padre); a due delle numerose figlie naturali veniva lasciata una somma in denaro, mentre per le altre non erano previsti benefici, poiché erano già state fornite di una dote per i loro matrimoni.

Il documento conteneva inoltre alcuni lasciti in favore dell'Istituto di Pietà fondato dal bergamasco e di altre istituzioni, e prevedeva anche concessioni ad amici e collaboratori. Il codicillo del 31 ottobre è invece interessante perché contiene alcune norme riguardanti Venezia. Il Colleoni lasciava alla Repubblica centomila ducati d'oro per aiutare il finanziamento della guerra con gli ottomani e le rimetteva i non esigui debiti che essa aveva accumulato nei suoi confronti; infine chiedeva che la Serenissima gli facesse costruire un statua in bronzo, da collocarsi in Piazza San Marco.

Venezia, va detto, non tenne un comportamento molto rispettoso delle volontà del defunto:

sapendo che il Colleoni aveva accumulato in vita grandi ricchezze, fece rovistare le sue proprietà in cerca del suo patrimonio liquido, che risultò superiore ai 230.000 ducati. Aggiungendo a questa cifra il valore di tutti gli altri beni e degli immobili, diligentemente fatti inventariare dalla Repubblica da appositi funzionari, essa giunse infine alla non esigua somma di circa mezzo milione di ducati. Molti dei luoghi che erano appartenuti al condottiero fecero peraltro richiesta di tornare sotto il dominio veneziano, supplica che la Serenissima fu certo lieta di esaudire, disattendendo ulteriori disposizioni testamentarie; le milizie del bergamasco, infine, vennero riorganizzate ed assunte da Venezia.

Così ebbero fine la vita e la vicende di Bartolomeo Colleoni.

La sua fu un'esistenza affrontata con grande forza e determinazione, e grazie ad esse il bergamasco riuscì a vincere i non pochi momenti di difficoltà e sconforto che si trovò ad affrontare nelle sue avventure: prigioniero ai Forni di Monza, fuggitivo dopo l'aggressione a Isola della Scala, abbattuto dopo la conquista di un comando generale che non gli prometteva alcuna occasione di guerra, deluso dopo la conclusione inaspettata della guerra di Romagna; forse fu un vano sogno a sostenere l'animo del Colleoni in queste gravi situazioni, l'acuto suo desiderio, non realizzato, di ammantare il proprio nome di gloria imperitura? Noi non lo possiamo sapere. Certo è che la sua vita è l'emblema di ciò che una volontà ferrea e indomabile può giungere a ottenere con impegno e sofferenza; e anche se, a differenza di Francesco Sforza, non gli riuscì di conseguire la sua massima aspirazione, noi crediamo che ciononondimeno il Colleoni si sia guadagnato il suo degno posto nella storia. Oggi egli sarebbe compiaciuto nel sapere che i posteri lo hanno ricordato per molti secoli e che la sua memoria è tuttora ben lungi dallo svanire; e allo stesso modo noi siamo lieti di aver avuto l'occasione di portare avanti e di concludere questo lavoro, che vogliamo credere avrebbe soddisfatto anche l'indomito condottiero.

◀ ▼ Altri affreschi di Malpaga, eseguiti per celebrare la visita di re Cristiano di Danimarca il 12 e 13 marzo 1474.
Other frescoes of Malpaga castle, performed to celebrate the visit of King Christian of Denmark on 12 and 13 March 1474.

▲ Questo a cavallo e il ritratto a pag. 80 dedicati entrambi alla figura del condottiero sono conservati nella casa del Luogo Pio della Pietà, già abitazione bergamasca del Colleoni, che qui soggiornava quando non era a Malpaga o impegnato in qualche campagna militare.

This captain at horse and the portrait on p. 80 dedicated both to the figure of the condottiere are kept in the house of the Luogo Pio della Pietà, former home of Bergamo, Colleoni.

LA CAPPELLA COLLEONI A BERGAMO

La data di inizio dei lavori per la costruzione Cappella Colleoni rimane dibattuta: alcuni pensano al 1470, mentre altre ipotesi preferiscono posticiparla al 1472. Essa è collocata a Bergamo, in città alta, accanto alla basilica di Santa Maria Maggiore e dietro il Palazzo della Ragione. Bartolomeo affidò il compito di edificare l'imponente mausoleo e il proprio monumento funebre, che si trova al suo interno, a Giovanni Antonio Amadeo, lo stesso artista cui aveva commissionato anche la creazione della tomba di Medea. Per fare spazio alla sua cappella il Colleoni fece abbattere una sacrestia che occupava lo spazio necessario alla fabbricazione dell'edificio, ma tale azione non fu, come per lungo tempo si è creduto, un prepotente atto di forza. La demolizione venne presumibilmente effettuata con il consenso degli amministratori della basilica, cui il Colleoni assicurò che avrebbe fatto costruire una nuova e migliore sacrestia. Il condottiero dovette peraltro ponderare seriamente l'ipotesi di far abbattere anche il Palazzo della Ragione al fine di offrire alla sua cappella una migliore visibilità. Il Colleoni non ebbe la soddisfazione di vedere completato il suo mausoleo: i lavori giunsero probabilmente a termine nel 1476, l'anno successivo alla sua morte. Attualmente l'edificio ospita il monumento sepolcrale dell'illustre bergamasco, formato da due sarcofaghi posti uno sopra l'altro, e quello della figlia Medea, la cui tomba fu spostata dal santuario della Basella nel 1842; in tale occasione venne anche estratto dalla bara della fanciulla il passero che il padre le pose accanto al momento dell'estremo saluto, ed oggi anch'esso viene conservato nella cappella sotto una campana di vetro.

IL MISTERO DELLE SPOGLIE DEL COLLEONI

Il Colleoni avrebbe fatto parlare di sé i posteri non soltanto per le azioni che compì in vita, ma anche per l'alone di mistero che per molto tempo avvolse il destino dei suoi resti. Alcuni secoli dopo la morte del bergamasco ci si volle infatti sincerare del fatto che le sue spoglie fossero effettivamente contenute nel sarcofago fabbricato dall'Amadeo, ma durante l'indagine si scoprì che l'interno della tomba era desolatamente vuoto. Con il tempo si diffuse la convinzione che San Carlo Borromeo avesse fatto spostare il corpo del Colleoni nella seconda metà del cinquecento, in applicazione alle direttive papali che miravano ad eliminare dagli edifici sacri qualsiasi elemento avesse natura profana. In realtà, se vi sono testimonianze del fatto che nel corso dell'età della controriforma furono effettivamente rimossi dalla cappella stemmi e stendardi colleoneschi, nella documentazione non vi è traccia alcuna di una traslazione del corpo del condottiero; ma ciò non impedì a tale diceria di sopravvivere fino alla prima metà del novecento. Nel 1922 il re Vittorio Emanuele III, in visita a Bergamo, chiese ai suoi interlocutori dove si trovassero i resti del Colleoni; l'imbarazzo che ne seguì valse a riportare in auge la questione, la cui soluzione era tuttavia ancora lontana. Il sepolcro venne nuovamente esaminato, come anche il pavimento della cappella, ma il corpo del condottiero non si trovò. Nel 1950 si credette infine di aver sciolto l'enigma: sotto la basilica di Santa Maria Maggiore venne rinvenuta un'arca, la presenza della quale era nota grazie ad un documento del diciassettesimo secolo, contenente le ossa di un uomo di considerevole statura, che fu immediatamente identificato con il Colleoni. Nel 1956 anche tale conclusione venne tuttavia smentita; il mistero rimaneva insoluto. Nuovi studi, nel frattempo, portarono a prendere in considerazione altri elementi. Era pur vero che alla morte del capitano l'Amedeo non aveva ancora terminato il suo monumento funebre, ma esso era certamente compiuto al momento delle esequie solenni alla salma del Colleoni, avvenute nel gennaio del 1476; per quale motivo, quindi, i resti del capitano non avrebbero dovuto essere infine deposti nella sua tomba? Nel 1968 la cappella venne ispezionata con un magnetometro, ma l'indagine non diede alcun risultato. Il

21 novembre 1969 l'arca venne infine esaminata con un rivelatore elettromagnetico, che rivelò la presenza di alcune parti metalliche. Il sarcofago venne subito aperto e finalmente si scoprì il segreto che per tanto tempo era rimasto abilmente celato: la bara del Colleoni si trovava proprio lì, sotto uno strato di calce che per secoli era stato erroneamente ritenuto il fondo dell'arca. Il corpo del celebre bergamasco giaceva assieme ad una berretta alla capitanesca, agli speroni, alla spada e al bastone di capitano generale. Una targa in piombo rivelava infine che il Colleoni aveva ottant'anni al momento della morte, consentendo di sciogliere i rimanenti dubbi relativi all'anno della sua venuta al mondo.

LE COMPAGNIE DI VENTURA
E GLI ESERCITI DEL 400

"Gente son sanza freno, e mai non pensan se non di usurpare " (Anonimo del 1300.)

Le compagnie di ventura furono un tipico aggregato militare del tardo medioevo e del rinascimento; la loro diffusione ebbe inizio verso la fine del '200 e toccò il culmine nel corso del XV secolo. Si trattava di fatto di truppe mercenarie, formate dai cosiddetti "soldati di ventura", organizzate e guidate da un condottiero, generalmente detto "capitano di ventura". Quest'ultima espressione è formata da due parole di derivazione latina, *caput*, ossia "comandante", e *ventura*, cioè "gli eventi che accadranno".

La condotta militare era un contratto che stabiliva le condizioni di servizio alle quali si sottoponeva il capitano o condottiero, generalmente di nobili origini. Egli era tenuto a fornire uomini in armi e mezzi ad un richiedente, solitamente un altro condottiero o, in misura maggiore, il capo di uno stato o di una signoria. Sorta come rapporto di lavoro subordinato, venne nel tempo a mutare la sua natura originaria per assumere la forma di trattato bilaterale: una parte offriva per un certo numero di anni una buona paga e l'altra assicurava amicizia e truppe disposte a combattere.

I comandanti, oltre alla ricompensa pattuita (il "soldo"), in cambio dei loro servigi ricevevano talvolta interi feudi, città e altri importanti riconoscimenti. E' il caso quest'ultimo di Bartolomeo Colleoni, che come abbiamo già visto ottenne durante la sua carriera quell'importante striscia di territorio posta sul confine che separava la pianura veneta da quella del milanese.

Lo stesso valse per altri importanti condottieri/signori, come i Gonzaga di Mantova e i Bentivoglio di Bologna, i quali, durante la loro storia, utilizzarono le condotte militari per ampliare i loro confini e le loro ricchezze.

Cerchiamo ora di ricostruire la genesi di questi eserciti. Tra la fine del '200 e l'inizio del '300, nacquero le prime formazioni. Esse prendevano anche il nome di "masnade", truppe formate da soldati di mestiere, prevalentemente di bassissima estrazione sociale, pronti ad uccidere ed a farsi uccidere per denaro e per

▶ Ritratto di condottiero disegno di Leonardo da Vinci.
Portrait of a captain drawing by Leonardo da Vinci.

◀ **Il mausoleo funebre del Colleoni** fu avviato nel 1472 sotto la guida di Giovanni Antonio Amadeo. Opera magistrale realizzata in marmo bianco di Carrara, fu conclusa nel gennaio 1476 a due mesi dalla morte del capitano.
The funeral mausoleum of Colleoni was started in 1472 under the direction of Giovanni Antonio Amadeo. Masterly work made of white Carrara marble, was completed in January 1476 two months after the death of the captain.

bottino.

Il termine deriva dal provenzale *maisnada*, che significa "famiglia", o dal latino parlato *mansionata*, proveniente a sua volta da *mansio*, ossia "dimora". Il termine acquistò presto un'accezione negativa, passando nel tempo a indicare un gruppo di sbandati, uomini privi di qualsiasi disciplina. Lo scopo che quasi sempre muoveva la compagnia di ventura, soprattutto le basse leve, era l'occasione di arricchirsi.

Molto spesso era specialmente l'occasione del saccheggio (e la speranza del relativo bottino) e non il soldo, cioè la paga distribuita dal condottiero, a spingere i mercenari; non certo una consapevolezza politica o morale, che era del tutto inesistente. Ciò spiega le nefandezze che essi commettevano con estrema indifferenza, cercando in tal modo di aumentare il proprio prestigio militare ed il terrore che ispiravano nei territori occupati e verso i nemici. Spesso, in mancanza di lavoro ufficiale, praticavano il brigantaggio, imponendo taglie ai villaggi, rapinando abbazie e monasteri di provviste ed oggetti preziosi, saccheggiando i granai dei contadini; coloro che tentavano di nascondere i propri beni venivano torturati o uccisi, senza risparmiare religiosi né anziani. Le masnade più efficienti e crudeli finirono col diventare famose, attirando un numero sempre maggiore di compagni; qualcuna riuscì perfino a raggiungere il numero di 2.000 componenti, tutti perfettamente equipaggiati sia a cavallo che a piedi!

Grazie alla fama sinistra che la circondava, ad esempio, la compagnia di Fra' Moriale (così chiamato perché in passato aveva vestito l'abito talare come priore dei Cavalieri di S. Giovanni) si poté permettere di chiedere la considerevole somma di 150.000 fiorini d'oro a Venezia per muovere guerra a Milano. Certo, era un gioco rischioso a cui partecipare: Fra' Moriale, infatti, terminò i suoi giorni appeso ad una forca. Feudatari o signorotti locali non esitavano a servirsi di questo esercito improprio per imporre il proprio potere, più o meno legittimo, o per esercitare atti di violenza sulle popolazioni, che fossero o meno sotto la propria giurisdizione. Ad ingrossare le file delle masnade si prestavano spesso anche i fuoriusciti dal proprio comune, sconfitti e scacciati dalla fazione avversa, o i cadetti che non trovavano spazio nella propria famiglia o nel proprio territorio di origine.

Brigate di questo tipo non erano ancora vere compagnie: la disciplina era pressoché nulla, l'organizzazione militare approssimativa, la fedeltà verso i loro committenti un'opzione e la sete di rivalsa e di bottino enorme.

Più affidabili erano i soldati che costituivano il nerbo della condotta, vale a dire i famigli. Con questo termine si indicavano quei soldati che appartenevano alla "casa" del condottiero; molti di essi appartenevano veramente alla famiglia, grazie a matrimoni contratti e a parentele acquisite, o perché dopo aver passato un lungo periodo al servizio del loro padrone diventarono dei veterani assolutamente fidati.

Valga come esempio la condotta di Micheletto Attendolo, che nel 1440 (anni colleoneschi) era composta da circa 1.200 cavalieri, un quarto dei quali erano suoi diretti parenti. Col tempo le masnade indisciplinate lasciarono il posto a formazioni militari

▲ Vista a volo d'uccello della possente fortificazione di Malpaga, castello e reggia del condottiero bergamasco.
A bird's eye view of the massive fortification of Malpaga, castle and palace of the Italian condottiero.

◀ Il corpo del Colleoni come apparve all'apertura della sua tomba ancora vestito come descritto nelle cronache dei suoi funerali con il berretto da capitano, il bastone del comando, la spada e gli speroni.
The body of the Colleoni at the opening of his tomb was dressed with his captain's cap, the baton, sword and spurs.

più disciplinate ed efficienti.
Una nuova era iniziava per le compagnie di ventura: quella dei condottieri signori. Le nuove compagnie non si costituiscono più per caso: è il capitano, ormai, che sceglie i suoi uomini e non viceversa.
I primi arruolati sono gli amici, i parenti e i veterani, gente fidata sulla quale poter contare. Inizia allora un reclutamento mirato, selezionato: l'addestramento alle armi dipende dal capitano, che arma gli uomini e li paga, trattando direttamente con i signori. Costoro richiedono una prestazione mercenaria, stabilendo un preciso contratto, la condotta appunto.
Tale contratto specificava la durata, le condizioni dell'ingaggio, il numero degli uomini e delle armi. Le prime condotte regolari di cui si ha notizia risalgono alla seconda metà del XIV secolo.
La materia fu seguita con cura e regolamentata con precise indicazioni. Sulla fine del '300 a Firenze esistevano speciali magistrati, chiamati "officiali di condotta", che controllavano la disciplina e l'armamento. Numerosissimi furono i contratti, molto diversificati tra loro per il tempo della condotta, per gli uomini impegnati, ecc.
Sempre in Toscana furono codificate le principali tipologie di condotta: quando il condottiero era disposto a militare, con un determinato numero di fanti e di cavalieri, agli ordini di un capitano generale, di una città o di una signoria, veniva stipulata una condotta "a soldo disteso", mentre se il condottiero intendeva correre meno rischi poteva concordare una condotta "a mezzo soldo", in virtù della quale egli combatteva in posizione sussidiaria rispetto al capitano generale e in luoghi

da questi stabiliti, ricevendo però una paga inferiore.

Una volta firmato il contratto, e dopo aver ricevuto un acconto in denaro, il condottiero doveva far "mostra" dei suoi uomini d'arme ai "consegnatari", che registravano e stimavano uomini e cavalli, rifiutando quelli non ritenuti idonei. I termini della condotta riassumevano oneri e onori. Specificavano tutti gli aspetti della formazione militare, che era divisa in piccoli plotoni di una decina di uomini, capitanati da un caporale. Un "camerlengo" (sorta di furiere) amministrava le sostanze, un notaio presiedeva alle scritture, gli "ufficiali di condotta" avevano autorità sulle milizie. La durata del contratto era chiamata "ferma", termine rimasto in voga ancor oggi. La ferma era generalmente seguita da un periodo d'aspettativa, chiamato "aspetto" o "rispetto", durante il quale il condottiero rimaneva vincolato alla controparte, la quale aveva il diritto di prelazione per un altro contratto. Concluso il periodo di servizio stipulato, il condottiero era comunque libero di andare a servire qualcun altro; vigeva comunque la clausola che, passando ad un nemico, egli non potesse combattere contro il precedente "datore di lavoro" per almeno due anni (anche se tale clausola veniva spesso disattesa).

Ma ci si arricchiva a fare il condottiero? Le cifre variano, come è logico attendersi, a seconda della fama del capitano. Micheletto Attendolo, cugino di Muzio Sforza, nel 1432 riceveva da Firenze mille fiorini al mese, più altri novecento per la sua compagnia; Guglielmo di Monferrato, nel 1448, percepiva da Francesco Sforza 6.600 fiorini al mese, paga comprensiva per settecento lance e cinquecento fanti; Francesco Gonzaga, nel 1505, riceveva da Firenze 33.000 scudi annui per una compagnia di duecentocinquanta soldati, mentre Francesco Maria della Rovere ne ebbe 100.000 annui dalla stessa città per soli duecento uomini. Cifre comunque sempre ragguardevoli, che assicuravano ai condottieri che scampavano ai disagi e alle tribolazioni delle guerre una degna e comoda pensione per la vecchiaia.

Il '400, come detto, vide l'apice per l'utilizzo di queste formazioni militari. Nel corso del XV secolo tutti i principi italiani si servirono di queste truppe di professionisti della guerra, che avevano un livello superiore di addestramento e una maggiore capacità di usare le nuove armi da fuoco. Le compagnie mercenarie declinarono solo in seguito, con la nascita e il rafforzarsi degli stati nazionali e con lo sviluppo delle armi da fuoco. L'ultima compagnia di ventura degna di nota fu quella capitanata da Giovanni de' Medici (meglio conosciuto come Giovanni dalle Bande Nere), nei primi del XVI secolo.

◄ Il mastio (torre maestra) del castello di Urgnano, roccaforte appannaggio del feudo colleonesco.

The tower of the castle of Urgnano, prerogative of the Colleoni's feud.

► **La statua distesa di Medea**, figlia prediletta del Colleoni, posta nel suo mausoleo, è superba opera di Giovanni Antonio Amedeo (1447-1522) è fra le più belle delle effigi funebri in Italia. La figura della giovane, distesa come se dormisse, è tipica delle cosiddette "tombe umanistiche".

The recumbent statue of Medea, beloved daughter of Colleoni, placed in his mausoleum, is a superb work of Giovanni Antonio Amedeo (1447-1522)

Le compagnie di ventura fecero sovente la fortuna economica e politica di molti condottieri e capitani. Fra essi ricordiamo: il duca Federico Montefeltro di Urbino, Guarnieri d'Urslingen, l'inglese Giovanni Acuto (John Hawkwook), il Conte Lando, Anichino di Bongardo, Montréal d'Albarno detto Fra' Moriale, Angelo Tartaglia, Alberico da Barbiano e poi Braccio da Montone, il Piccinino, Bartolomeo Colleoni, Francesco Sforza, Giovanni dalle Bande Nere, Ludovico Racaniello, il Gattamelata e tanti altri, che grazie al proprio carisma ed alla concessione di libero saccheggio riuscirono a coagulare attorno a sé questi masnadieri.

Passiamo ora all'analisi della composizione di una compagnia di ventura. I fidati di tale piccolo esercito, come abbiamo visto, erano i famigli. La casa, anche detta "corte", comprendeva anche i ragazzi, le donne, i paggi del signore e tutti gli amministratori: segretari, camerlenghi e notai.

Va inoltre considerata tutta la manodopera di servizio: cuochi, maniscalchi, barbieri, addetti alle cavalcature, musici e giullari. La struttura militare, oltre ai plotoni di armati, era essenzialmente basata sui cavalieri; in formazione di tre essi costituivano un'unità detta "lancia".

Dei tre, uno era il cavaliere principale, o comandante della lancia, il secondo un cavaliere di rinforzo, detto "piatto" (*placus*) ed il terzo un paggio o scudiero. Se questi cavalieri non appartenevano alla famiglia erano definiti "compagni". Diversi condottieri ebbero una dotazione di cavalieri mista di famigli e compagni. A partire dalla metà del XV secolo a queste due categorie si aggiunse quella dello "squadrero", un capitano responsabile di una parte frazionaria della condotta.

Infine, col termine "lancia spezzata" si definiva quella formazione che non era più composta da tre elementi, che finivano col formare squadre di lance di numeri variabili. Tutti gli assoldati venivano comunque annotati nei registri della compagnia. Spesso però i condottieri imbrogliavano su questo punto, al fine di far credere ai committenti di possedere un maggior numero di armati al proprio servizio. Tale pratica, chiaramente illegale, era spesso contrastata dai signori e dagli stati più importanti. Il senato di Venezia ad esempio, nel 1434 emanò una serie di disposizioni allo scopo di debellare e punire tale consuetudine, diffidando i condottieri dal fornire registri menzogneri e stabilendo una serie di controlli, con pesanti multe nel caso di riscontro di dati fallaci.

Insomma truccare i dati era un'operazione non facile. Tuttavia scoperto il trucco trovato l'inganno. Si iniziarono a conteggiare muli e ronzini come dei purosangue da battaglia o da torneo, e paggi imberbi come cavalieri esperti.

NOTE ALLE TAVOLE

Tavola A - Bartolomeo Colleoni e Tilde Martinengo sul portone del castello di Solza.
Plate A - Bartolomeo Colleoni and Tilde Martinengo on the door of the castle of Solza.
Ricostruzione dell'incontro fra i giovani fidanzati. Il vestito del Colleoni, in specie lo spadino, il copricapo e l'abito sono tratti dall'affresco del Mantegna "la camera degli sposi". Mentre per la *mise* di Tilde i disegni ispiratori provengono dai lavori di Paolo Uccello.

Tavola B – Soldati milanesi prima metà del XV secolo.
Plate B - Milanese soldiers of the first half of XV century
1- Balestriere inginocchiato dietro ad un pavese. Il soldato è impegnato a caricare l'arma con un crocco ad ingranaggi. Giacchetta in maglia di ferro protetta da un corsetto in cuoio. Pavese con le insegne viscontee.
2- Cavaliere inizi '400 con l'armatura coperta da un giubbetto attillato derivato dal monumento di Bernabò Visconti.

Tavola C – Cavaliere italiano con barbuta e ascia da combattimento.
Plate C - Italian knight with barbuta and battle ax.
Il cavallo porta la bardatura tipica degli uomini a cavallo del tempo. Da segnalare la particolare protezione del petto del cavallo in metallo sporgente. L'armatura del cavaliere è ispirata ai lavori di paolo Uccello. Notare la spada ancorata con catenelle anziché con cinghie in cuoio. La barbuta era assai usta dalle truppe del Colleoni, che trovavano questo copricapo più comodo ed efficace del vecchio bacinetto.

Tavola D – Condottiero italiano e uomo d'arme con bacinetto.
Plate D - Italian captain and men at arms with bacinet.
1- Capitano dedotto dal Gattamelatata, indossa un'uniforme più classica e assai diversa da quella di gusto "romano" scelta dal Donatello.
2- All'epoca le tenute dei fanti erano molte e assi Variegate. Questo è armato di falcione/alabarda forata da una Croce. Il bacinetto ha elementi rivettati sul retro in forma di coda D'aragosta.

Tavola E – I cavalieri di San Romano.
Plate C - Italian knights of San Romano battle.
1- Ricavati direttamente dai tre quadri di paolo Uccello, Il cavaliere a piedi porta lo stendardo di Micheletto Attendolo. Da notare lo spallaccio sinistro protetto da una specie di "targa" rubata al Pisanello.
2- Altro cavaliere tratto direttamente dal lavoro dell'artista toscano. La variazione riguarda qui il colore della lancia di un rosso corallo anziché avorio, e l'elmo raffigurato un pò più stilizzato.

◄ Bel rilievo ottocentesco del mausoleo di Bartolomeo Colleoni a Bergamo. Insigne opera dell'Amedeo. Il mausoleo contiene le spoglie mortali oltre che del condottiero, anche di sua moglie Tilde e della figlia prediletta Medea

The Cappella Colleoni is a mausoleum in Bergamo in northern Italy. as the personal shrine for the condottière Bartolomeo Colleoni. realized by Giovanni Antonio Amadeo.

► **La statua aurea del condottiero bergamasco, posta sopra la sua tomba nel mausoleo di Bergamo alta.**

The golden statue of the condottière, placed over his grave in the mausoleum of Bergamo.

Tavola F - Fante con palvese e armigero con scudo tondo
Plate F - Infantry man with palvese shield and a men at arms with a rounded shield.

1- I palvesari portavano scudi enormi che riparavano tutta la persona, spesso di forma rettangolare con incavo centrale, ma se ne rammentano anche a forma d'Aquilone con particolare svasature in alto o sulla parte centrale per facilitare il tiro con le balestre. Questi fanti riuniti formavano un vero e proprio muro rinforzando la presa dello scudo al terreno tramite l'appoggio ad un paletto ben conficcato nel terreno.

Il palvese era sovente dipinto con le insegne del signore per il quale serviva o con disegni di arte sacra.

2- Atipica tenuta veneta per questo armigero che indossa calze bicolori, *scodellone* con frange sulla testa ed un curioso scudo di forma rotonda.

Tavola G – Condottiero e Soldati in cotta d'arme e giubbetti in cuoio.
Plate G - Italian captain and soldiers with mail coat and leather jackets.

1- Lo schioppettiere è uno dei primi armati a fare uso di un arma da fuoco, per la verità assai arcaica e imprecisa, una sorte di cannoncino più pericoloso per chi l maneggiava che per gli avversari. Col tempo l'arma subirà vistosi miglioramenti riducendo il calibro divenendo assai più micidiale.

2- Questo secondo capitano è invece ispirato alla tenuta di John Hawkwood, italianizzato in Giovanni Acuto, il condottiero di origine inglese che combatté in Italia. Sempre tratto da un lavoro del "contemporaneo" Paolo Uccello. Qui appare con gli speroni, già modernamente fissati al tallone della scarpa.

3- Portastendardo con le insegne del Colleoni, in armatura leggera con maglia di ferro, brigantina e schinieri. Elmo alla orientale con piuma assai di moda a Venezia nel tempo. La brigantina di colore rosso contraddistingue una sorta di soldato più importante, una sorta di sergente. Figura ispirata dai lavori di Vittore Carpaccio.

Tavola H - Equipaggiamento del cavaliere
Plate H - Knight equipments.

Tavola composita che mostra vari tipi di copricapi, elementi a protezione degli arti, protezioni in maglia di ferro, calze, spallacci e corazze. Ed ancora spade e coltelli con le loro imbragature e corregge. Speroni e altro in uso nella metà del 400. Notare la reticella indossata dal cavaliere che aveva lo scopo di raccogliere i lunghi capelli.

Tavola I - Balestriere e fante con martello d'arme.
Plate I - crossbow man and soldier with hammer-ax weapon

1- Balestriere colleonesco a difesa del castello di Urgnano visibile sullo sfondo. Notare le insegne del signore poste sul petto del giustacorpo. Celata e spada completano l'armamento del soldato.

2- fante leggero con martello d'arme. Notare gli stivaletti, la borsa di cuoi e la pesante daga corta usata per finire gli avversari nel copro a corpo ravvicinato. L'elmo è a metà strada fra un bacinetto e una barbuta.

Tavola J - Mantelletto con due balestrieri
Plate J - Gun mantlet and two crossbow men

Durante gli assedi, accanto alle pesanti macchine da guerra facevano la loro comparsa diversi tipi di protezione chiamate mantelletti. Essi dovevano servire a proteggere quei soldati armati di balestra, arco o schioppetto, che portandosi sotto le mura difensive nemiche prendevano di mira i loro avversari. In sostanza era una forte palizzata mobile di legno eventualmente rinforzata con metalli o pellame munita di ruote per agevolarne lo spostamento. Come per i palvesi poteva capitare che essi fossero decorati con le insegne del capitano. Ve ne erano anche del tipo con finestrelle e spie apribili. I balestieri usualmente indossano corsetti di cuoio sopra cotte d'arma. Dei due uno usa la *crocca* per caricare l'arma, mentre l'altro utilizza un dispositivo meno moderno ed efficiente.

Tavola K - Bartolomeo Colleoni e guardia del corpo
Plate K - The condottiero Bartolomeo Colleoni and a body guard.

1- Il Colleoni in groppa al cavallo bianco porta il bastone da comando e la berretta rossa da capitano, mentre passa in visione le sue truppe nel "campo di Marte" prospiciente il suo castello di Malpaga. Il bastone e il capello di feltro rosso sono derivati dagli originali ritrovati nella sua tomba. Completa armatura quattrocentesca con petto e schiena ad un solo elemento. L'animale sprovvisto di armatura ha equipaggiamenti in cuoio dipinto e metallerie.

2- Fantaccino veneto armato di alabarda con brigantina e un curioso copricapo-barbuta con una sorta di sciarpa colorata alla orientale. Sotto il giustacorpo di cuoio indossa l'usuale cotta d'arme, mentre agli avambracci ga delle robuste protezioni in cuoio. Questi sono invece di metallo ai polpacci.

Tavola L - Bartolomeo Colleoni con il re di Danimarca Cristiano I e due paggi
Plate L - Bartolomeo Colleoni with the king of Denmark Christian I and two servants.
Tratto dal famoso affresco del Romanino nel castello di Malpaga, la scena descrive l'incontro fra il condottiero italiano e il suo illustre ospite il re Cristiano di Danimarca di passaggio per Roma.
3- Il Colleoni su cavallo nero col berretto da capitano e un bel corsetto in maglia dorata mostra al sovrano scandinavo il suo castello.
2- Il re danese porta un particolare copricapo che nasconde in parte la corona ed un pesante cappotto di gusto nordico-fiammingo e un paio di calze chiare. Monta un cavallo bianco.
3- I due paggi vestono una tipica uniforme tardo medioevale con colori sfavillanti e motivi geometrici. Tengono il cane da caccia del padrone.

Tavola M - La famiglia del condottiero
Plate M - the family of Condottiero.
1- Posta giustamente in primo piano l'amata consorte del Colleoni la nobile bresciana Matilde Martinengo detta Tilde. In abito semplice di stoffa porpora e giallo-oro. Acconciatura con retina di perle.
2 e 3- Alle spalle di Tilde due delle otto figlie del capitano (fra legittime e no). Si tratta di Ursina (a sinistra) primogenita che darà vita al casato Martinengo-Colleoni che tramanderà l'eredità paterna. A destra la prediletta figlia Medea che morì assai giovane nel 1470 ed è oggi seppellita accanto al padre. Le altre figlie furono: Caterina, Isotta, Cassandra, Polissena, Riccadonna e Doratina. Tutte ebbero matrimoni di alto rango.

Tavola N - Dame al castello
Plate N - Madonne in the castle
1- Di guardia all'ingresso della corte del castello di Malpaga, questo armigero con falcione-alabarda. Egli indossa un curioso copricapo a ciambella dedotta dai militi di sfondo che appaiono nelle tele di Paolo Uccello per la battaglia di san Romano. Disomogenee protezione alle braccia.
2 e 3- Altre due figlie del Colleoni: Isotta e Caterina entrambi figlie di Tilde, segretamente impegante ad organizzare un incontro galante con qualche indomito cavaliere della scorta del re di Danimarca. Entrambe indossano due tipi di mantello diversi uno con cappuccio ed uno semplice. Abiti riccamente decorati con stoffe di pregio a connotare il censo delle due ragazze. Una delle due ragazze indossa a sua volta una sorta di ciambella come quella della guardia.

Tavola O – Il condottiero a Venezia
Plate O - The Italian captain at Venice
Bartolomeo Colleoni in visita di rappresentanza a Venezia (sullo sfondo Piazza San Marco dal quadro di Gentile Bellini). La complessa armatura è del tipo da parata con non poche licenze all'estetica. Un particolare copricapo di foggia gotica con inserti in metalli bicolore e piume.
Il cavallo pesantemente corazzato con sottoposta cotta d'arme. Tali tenute devono certamente aver condizionato il design della famosa statua equestre del Verrocchio posta proprio in una piazza di Venezia.

Tavola P - Araldiche colleonesche
Plate P - Coat of arm and heraldic of Bartolomeo Colleoni
Raccolta di diverse fogge e scudi araldici dei blasoni usati o adottati dal condottiero bergamasco.
1- Scudo con araldica composita. Nel mezzo la barra "ingoiata" da due leoni. Blasone donatogli dalla regina di Napoli per i suoi servigi. Nel campo blu centrale poggiano i gigli di Francia, mentre nel resto dello scudo nei campi bianco e rosso i famosi attributi colleoneschi.
2- Stendardo in cui si ripetono le araldiche sopra descritte senza la presenza "francese", con l'asta leonesca dell'originale colore rosso.
3- Stemma semplice del Colleoni su campo bianco e rosso e i tre attributi, da un affresco di Malpaga.
4- Altro semplice stemma colleonesco poggiato però su aquila imperiale, perciò stemma tardo, adottato dal famiglia nel '500 e successivi anni.
5- Di nuovo uno scudo composito e ricco, diviso in quattro quarti in cui appaiono dall'alto in basso e da sinistra a destra: l'aquila dei Martinengo, lo stemma primitivo del Colleoni, lo stemma donato dalla regina di Napoli Giovanna II che la leggenda vuole si invaghisse del nostro dopo averlo ben conosciuto. Ed infine il campo blu con i gigli di Francia dorati concessagli da Renato D'Angiò nel 1467. Di questo nuovo stemma d'Andegavia il Colleoni era molto orgoglioso tanto da utilizzarlo ogni volta che se ne presentava l'occasione.

BIBLIOGRAFIA - BIBLIOGRAPHY

- AA. VV. Bartolomeo Colleoni. I luoghi del condottiero. Bergamo, Flash, 2000.
- Luigi Angelini, Il castello di Bartolomeo Colleoni a Malpaga Bergamo; la vita e le gesta del condottiero; il monumento di Venezia, Bergamo, Stamperia Conti, 1966.
- Bortolo Belotti, La vita di Bartolomeo Colleoni, Bergamo, Istituto italiano di arti grafiche, 1923.
- B. Belotti, Storia di Bergamo e dei bergamaschi, vol. III, Bergamo, Bolis, 1989.
- Antonio Cornazzano, Vita di Bartolomeo Colleoni, Manziana, Vecchiarelli, 1990.
- Michael Mallett, Signori e mercenari: la guerra nell'Italia del rinascimento, Bologna, Il Mulino, 2013.
- Piero Pieri, Il rinascimento e la crisi militare italiana, Torino, Einaudi, 1970.
- Pietro Spino, Historia della vita et fatti dell'eccellentissimo capitano di guerra Bartolomeo Coglione, Venezia, presso Gratioso Percaccino, 1569.
- Caravaggio 1448 di Massimo Predonzani. Acies edizioni 2013.

www.ingramcontent.com/pod-product-compliance
Ingram Content Group UK Ltd.
Pitfield, Milton Keynes, MK11 3LW, UK
UKHW060138240426
12048UKWH00003B/86